4,20 €

Der Dichter, Erzähler, Essayist und Literaturhistoriker Werner Kraft war ein im Lichtenbergschen Sinne ›selbstdenkender‹ Mensch, dessen poetische und literaturkritische Leistungen in keines der gängigen Schemata passen. Die Texte, die er schuf, und die Texte, die er als Kritiker auslegte, zeigen alle eine ganz eigenständige Denkleistung und eine Position, deren wichtigstes Merkmal ein empfindliches Sprachgewissen und eine große philosophisch-moralische Entschiedenheit ist. Sein Werk wurde bisher nur bei einem kleinen Kreis in Deutschland zur Kenntnis genommen, übte aber untergründig einen außerordentlichen Einfluß aus.

Krafts Autobiographie »Spiegelung der Jugend« umfaßt die Jahre von 1896–1934, die Spanne also von seiner Geburt bis zur Emigration nach Palästina; es ist der Bericht von einer Zeit, die in Deutschland »sich anschickte, die letzten Werte der überlieferten Kultur als Ballast über Bord zu werfen.« Krafts Lebensbericht ist geprägt von der intellektuellen und persönlichen Auseinandersetzung mit Theodor Lessing, Gershom Scholem, Walter Benjamin, Rudolf Borchardt und vor allem auch Karl Kraus, bei dessen Lesungen in Berlin er häufig zugegen war. Das Zeugnis, welches er von den Jahren seiner Jugend in Deutschland in Erinnerungen, Anekdoten und Reflexionen ablegt, ist geprägt von der Trauer über das Versagen Deutschlands im ersten Drittel dieses Jahrhunderts und zugleich von der Entschlossenheit, weiter in der Sphäre der großen deutschen Dichtung zu denken und zu leben: »Ich habe es immer für einen Auftrag gehalten, für den es keinen Einspruch gab, innerhalb des deutschen Geistes mein Leben zu führen.«

Werner Kraft, 1896 als Sohn assimilierter deutsch-jüdischer Eltern in Braunschweig geboren, war nach dem Studium Bibliothekar in Leipzig und Hannover. 1933 emigrierte er; von 1934 bis zu seinem Tode 1991 lebte er in Jerusalem. Als Autor machte er sich einen Namen besonders durch die großen Monographien über Karl Kraus, Rudolf Borchardt, Franz Kafka und Carl Gustav Jochmann. Sein Werk umfaßt darüber hinaus Essay- und Gedichtbände sowie den Roman ›Der Wirrwarr‹. Werner Kraft wäre am 4. Mai 1996 hundert Jahre alt geworden.

Werner Kraft

Spiegelung der Jugend

Mit einem Nachwort
von Jörg Drews

Fischer
Taschenbuch
Verlag

Für Ernst Blumenthal

Neuausgabe
Veröffentlicht im Fischer Taschenbuch Verlag GmbH,
Frankfurt am Main, Mai 1996

Gesamtherstellung: Clausen & Bosse, Leck
Printed in Germany
ISBN 3-596-12723-8

Gedruckt auf chlor- und säurefreiem Papier

Was hat die Welt aus uns gemacht!
Karl Kraus

I

Mein Vater war ein guter Mann, und mir war er alles. Er stammt aus Calbe an der Saale. Dort bin ich nie gewesen. Von Magdeburg aus, wo ich oft war, wie leicht hätte ich mir dieses Städtchen ansehen können! Goethe erhielt einmal von einem Kaufmann aus Calbe einen Brief über seine Schriften, der ihn sehr erfreute. Dieser Kaufmann war leider nicht einer meiner Ahnen, wie ich es lange in einem schönen Traum für möglich hielt. Hermann Cohen, der große Philosoph aus Coswig, einem Ort nahe bei Calbe, hat die Familie meines Vaters gekannt. Er bestätigte es, als wir, Paul und ich, als junge Studenten den Greis besuchten. Als er hörte, daß wir Germanistik studierten, hob er warnend den Finger und sagte: »Grammatik! Grammatik! Kein Feuilletonstudium!« Mein Vater war von fröhlicher Natur. Er las kaum Bücher, es sei denn flaue, die in aller Munde waren, aber ein zerlesenes Buch lag ihm immer nahe, es war der erste Teil des Faust, er zitierte daraus. Meine Mutter stammt aus Hannover. Sie war kraftvoll. Weil mein Vater in den Geschäften kein Glück hatte, lag die Sorge für die Familie auf ihr. Meinen Vater besuchte die Schwermut, gerade weil er so freudig war und lange am Rhein gelebt hatte. Mein Bruder, wenig älter als ich, ist in Elberfeld geboren, er war unbändig, ich war still und scheu. In Braunschweig bin ich 1896 geboren, im Zentrum der Stadt, am Bohlweg, ich habe aber keine lebendige Erinnerung an diese Stadt, war später auch nur für Tage dort. Als ich fünf Jahre alt war, zogen meine Eltern nach Hannover. Da war ich zuhause, da wuchs ich auf, pflanzenhaft. Als ich 1951 wieder hinkam, in die zerstörte und eben halbwegs wieder aufgebaute Stadt, war mir alles fremd und vertraut zugleich. Ich orientierte mich schwer in der Welt, hier war ich traumsicher. Nichts war da und niemand, nur ich, wie ich fünfzig Jahre früher gewesen bin, ein kleiner Junge. Ich stand auf dem jüdischen Friedhof an der Strangriede, wo meine Eltern begraben sind. Er ist eng und häßlich, von Häusern eingefaßt, aber durch Erinnerung geweiht. Die Grabsteine weg. Die meiner Großeltern standen.

2

Ich ging in die Volksschule. An kein Kind erinnere ich mich, aber an zwei Lehrer. Herr Hartmann gab uns Unterricht im Schönschreiben. Ich sehe mich, wie mühsam in gotischer Schrift ich die Schriftzeichen zog. Es war still. Herr Hartmann las und schrieb an seinem Pult, er war Musikkritiker für das Hannoversche Tageblatt. Hier hatte er produktive Muße. Herr Staacke, ein schon alter Mann in weißen Haaren, gab uns Deutsch. Wir lasen aus unserem Lesebuch Gedichte. Er pflegte sie zuerst selbst vorzulesen. Er las mit unglaublichem Pathos. Die erste Strophe eines Gedichts, vielleicht von Reinick, lautete:

Wo's Dörflein dort zuendegeht,
Wo's Mühlrad am Bach sich dreht,
Da steht in duft'gem Blütenstrauß
Ein Hüttlein klein, mein Vaterhaus.

Ich höre noch, wie der letzte Vers sich steigerte, um im Vaterhaus zu gipfeln, auszuruhen und abzuklingen. Vielleicht war es komisch. Ernst habe ich es erlebt. Zum ersten Male, hier, klang mir entgegen –: das Gedicht. Dies empfand ich nicht damals, aber so muß es gewesen sein, wenn ich die Verse auswendig kann, noch heute.

3

Nach der Volksschule war ich ein Jahr lang in einer Realschule, in der Wolfstraße. Zu Beginn der Quinta kam ich in die Leibnizschule, an der Alten Cellerheerstraße. Das Schulhaus steht heute anderswo, was noch geblieben ist eine ausgehöhlte Ruine. Ein Junge fiel mir auf und ich ihm. Wir sprachen miteinander. Daraus wurde eine Lebensfreundschaft. So war es. Er stand mir zur Seite, immer. Ernst Blumenthal und ich, wir waren die besten Schüler, abwechselnd Erster oder Zweiter. Ich fasse zusammen, was sich über Jahre verteilt. Der ganze Zusammenhang entgeht mir. Einzelnes steht mir scharf vor Augen. Die Mitschüler sehe ich auf einem Klassenbild. Manche fielen im Ersten Weltkrieg. Von einigen habe ich gelegentlich gehört. Was aus den anderen geworden ist, wer weiß. Mich selbst sehe ich mit Schülermütze und hervorquellenden braunen Haaren. Ich war ein eher schüchterner Junge. Alles fiel mir zu, außer Zeichnen und Singen, gleichzeitig lernte ich mit Lust. Auch das Turnen war schön, am Reck, am Barren, an der Kletterstange versagte ich nicht. Unser Turnlehrer hat es bestätigt. Im Schlagball war ich nicht als Treffer aber als Fänger geschätzt. Die Schule stand neben dem Gefängnis, dem von hohen Mauern umgebenen, sie war keines. Auf einer Stelle der Mauer hatte ein Bäumchen Wurzeln gefaßt und hielt sich. Durchs Klassenfenster sah man auf den Hof, wo die Sträflinge spazieren gingen. In die Schule gehen oder laufen, wenn es spät war, der Ablauf der Stunden, das Klingelzeichen, die Pausen mit den Klassenkämpfen, alles war frisch und schön.

4

Manchem meiner Lehrer bin ich dankbar. In der Quinta und Quarta gab uns Herr Niebuhr Deutsch und Französisch. Er war etwas grob, aber ehrlich. Von ihm habe ich zuerst deutsche Grammatik gelernt. Wir lernten aus einem Buch, das er selbst verfaßt hatte. Es machte mir Vergnügen. Aber auch und vor allem der deutsche Aufsatz! In Quarta erhielt ich einen Aufsatz über das Gedicht »Korsische Gastfreiheit« zurück, und darunter stand eine Eins, mit der Hinzufügung: »Sehr schön!« Es war mein erster Erfolg. Von Herrn Niebuhr hörte ich ein merkwürdiges Urteil über die gebundenen deutschen Bücher, er zog die französischen, die ungebundenen, vor, man könne sie lesen und wegwerfen. Er schlug auch, mit dem Rohrstock. Das war roh, man hielt es für selbstverständlich. Der Primus der Klasse, also etwa ich, hatte den Schlüssel zum Klassenschrank, er mußte den Stock für die jeweilige Züchtigung dem Züchtiger überbringen. Das war eine bedenkliche Ehre, ich empfand nichts dabei, leider. Eine solche Züchtigung vollzog Herr Niebuhr an einem Jungen namens Stetzer und schrieb in das Klassenbuch: »Stetzer liest ›Nat Pinkerton, der König der Detektive‹ in der französischen Stunde.« Das war komisch, und doch wirkte es keineswegs komisch auf uns, es wirkte. In der Untertertia lernten wir Latein bei Herrn Koch. Sein Unterricht war leidenschaftlich. Er nahm jeden Satz bis auf seine feinsten grammatischen und syntaktischen Nuancen durch, und er konnte rasend werden, wenn man in der Consecutio temporum, im Gestrüpp des Konjunktivs etwas verpatzte, er konnte dann vor Wut sein Schlüsselbund dem unglücklichen Verpatzer entgegenwerfen. Auf Pädagogik legte er keinen besonderen Wert, auf wirkliches Erlernen der Sprache um so größeren, als eines Organons von Richtigkeit und Sinn. Ich folgte allen seinen Intentionen mit Lust, und er mochte mich wohl gern. Herr Gräfenhain hob sich von seinen Kollegen ab durch besondere Eleganz der Haltung und der Kleidung. Ich sah jeden Morgen gebannt auf seine höchst moderne Krawatte und auf den tadellosen Schnitt seines Anzugs. Von Untersekunda ab hatten wir bei ihm Griechisch und Deutsch. Er war vornehm, zurückhaltend und sachlich. Ich erinnere mich an den deutschen Unterricht. Während eines Vierteljahrs nahm er Schillers »Jungfrau von Orleans« mit uns durch, Szene für Szene. Das war für manche langweilig, vielleicht sogar für mich, dennoch folgte ich fast wider Willen. Hier habe ich die Grundlage gelegt für mein Wissen vom Drama. Exposition, Peripetie, Stichomythie, das waren Zauberworte, die mich berauschten. Einmal gab er uns ein Aufsatzthema nach eigener Wahl. Ich wählte den Niels Lyhne von Jens Peter Jacobsen, das erste moderne Buch, das ich mit Begeisterung las. Alle erhielten die Aufsätze in angemessener Zeit zurück, ich viel später, denn Herr Gräfenhain mußte das Buch selbst noch einmal lesen. Er lobte den Aufsatz, stellte aber eine vorsichtige Frage nach dem Prinzip des l'art pour l'art, ich wußte nichts davon, ich war bei aller Frühreife noch sehr unreif. Herr Dernedde, sehr lang und dünn, man sagte, er sei in den Tropen gewesen, gab Mathematik und Naturgeschichte. Mathematik fiel mir leicht, später scheiterte ich an der Stereometrie, ich war unfähig, mir Flächen als Körper vorzustellen. Naturgeschichte haßte ich. Jeder Junge mußte einmal im Quartal botanisieren gehen, es war mir eine Qual, obwohl Wiesenschaumkraut, Gundermann, Veilchen stark mich trafen, wenn ich sie nicht mit den Augen der Schule sah. Rehe und Hirsche im Tiergarten sah ich früh und eindringlich. Im Zoologischen Garten war ich oft. Die Fütterung der Raubtiere! Wie der Tiger rasend die Gitterstangen ablief! Das Gedicht von Rilke hätte ich gemacht haben können, ich war weit entfernt von eigenen Gedichten. Als ich mit siebzehn Jahren Theodor Lessing kennenlernte, besuchte ich ihn oft, und wir gingen über die Wiesen. Seine kleine Tochter Judith, sie war viel jünger als ich und ein zauberhaftes Wesen, verspottete mich, meine Unkenntnis der Blumen, das mochte wohl stimmen und stimmte auch wieder nicht, ich war eben blind und taub, wenn ich über Gedichte sprach oder sie gar selbst sagte, ja sang. Da ich ein sehr guter Vorleser war, mußte ich am letzten Schultag vorlesen. Ach, das Kapitel aus Brehm's Tierleben! Es war ebenso langweilig wie spannend, dann, und es war zuende. Ach, der letzte Schultag! Dieses immer gute Zeugnis, das ich meinen Eltern brachte, die neue Schülermütze, wenn das neue Schuljahr begann, die Ferien mit der ganzen Fülle der Zeit, heimlich schrumpfte sie zusammen, die Freude, die Freunde wiederzusehen, die Lehrer, die Freude des Lernens, es klang alles in einem undurchbrochenen, undurchbrechbaren Rhythmus, die Zeit selbst klang, bis –? Und doch, zuweilen hatte ich Todesangst. Ich schloß tief die Augen und schlief. Am nächsten Morgen waren alle wieder da und ich auch.

In den letzten Schuljahren wurde es anders. In dem Maße, in dem in mir ein eigenes Wesen durchbrach, ließ ich nach in den Leistungen, wurde anmaßend, frech, rebellisch, das war wohl alles gar nicht gut, wenn auch schmerzhaft notwendig, ich denke mit Scham daran zurück und habe noch heute die Examensträume der Angst des schlechten Schülers. Dabei war ich im ganzen nicht einmal so sehr schlimm, ich war noch immer überaus gutartig, abgesehen von einer gewissen ästhetischen Verlogenheit. Sie begann, als ich im Meer der Literatur zu ertrinken drohte, ich verschlang alles, die gute und die schlechte Literatur, die gute als schlechte und die schlechte als gute. Kein Zweifel, es ging mir heilig um die gute, und aus dem Meer, in das ich sank, ragte ein echtes Menschenantlitz heraus und schrie um Hilfe. Gleichzeitig wurde ich hellhörig. Herr Grethen gab Geschichte. Er war Patriot und Nationalist, er fiel in den ersten Kriegstagen 1914. Er sagte einmal: »Wenn es Krieg gibt, dann gehen wir doch alle mit.« Ich hatte noch keine entschiedene politische Haltung, und in meiner Familie dachte man wie alle, man war nicht für den Krieg, natürlich nicht, man wußte einfach nicht recht, was das war, man fand den Kaiser lächerlich, aber in gutmütiger Art, man hatte unter seiner Regierung nicht zu leiden, man war duldsam, man machte mit, jeder wußte, daß es Antisemitismus gab, man wurde mit ihm fertig, er glitt ab. Dennoch fiel mir diese Äußerung auf. An sich hatte ich Respekt vor diesem Lehrer, aber ich weiß bis zum heutigen Tage nicht genau, ob diese Äußerung nicht doch gegen die jüdischen Schüler der Klasse gerichtet war. Einmal sprach er über Dante und nannte die Göttliche Komödie ein Konversationslexikon für Dantes Zeit. Ich wußte nicht viel von Dante, aber diese flache Ausdrucksweise war mir merkwürdig. Das war nicht gerade schlimm. Dagegen, in Unterprima traf mich –: ein Schlag. Ich war für die Sedanfeier am zweiten September ausgewählt, ein flammendes Prosastück von Ernst Moritz Arndt vorzutragen. In der Aula fand eine Probevorlesung statt, Herr Grethen erhob Einspruch, ich wurde abgesetzt. Das traf. Ich war erschüttert. Es konnte freilich gegen mein hochpathetisches Lesen gerichtet sein, es war wohl nicht so, es war gegen mich gerichtet, gegen den Juden. Ich habe mich nicht zur Wehr gesetzt, ich verwand es. Anders war es mit einem offen antisemitischen Lehrer, wir hatten Englisch bei ihm. Es gab eine furchtbare Szene, ich schrie los, und er: »Von Ihnen lasse ich mir nicht das Portemonnaie aus der Tasche ziehen!« In einem anderen Fall griff der Direktor Meyer ein, ein vornehmer und gerechter Mann, er bat Herrn Pfau heraus, und als er wieder in die Klasse kam, entschuldigte er sich bei Hans Löwenthal wegen seiner Äußerung. Dennoch ging dies alles nicht unter die Haut, die Klasse war als ganze nicht antisemitisch, sie war mindestens neutral und gut erzogen. Was jüdisches Unglück war, habe ich erst später erfahren. Im Ersten Weltkrieg tauchten bei Ernsts Eltern, assimilierten Juden mit einer inneren unzerstörbaren Jüdischkeit, zwei junge Juden aus Rußland auf, sie machten auf der Flucht nach Amerika in Hannover Halt. Das kluge und gute Leidensantlitz des einen sehe ich noch heute. Ich war betroffen und doch nur für sie, keineswegs für mich, ich war nicht getroffen. Auch das ging vorüber. Erst nach 1933 wußte ich endgültig und für immer, daß ich kein Deutscher war, daß ich ein Jude bin. Ihm wurde nun von einer verbrecherischen Gewalt diktiert, daß die Juden dem deutschen Volk *nur* durch die Sprache angehören. Was für ein Menetekel an der Wand, die schon mit Blut beschmiert war! Eben durch die Sprache, die jene Gewalt ermordete, ehe sie die Menschen ermordete! Ich habe diese Sprache nie preisgegeben, ich habe es immer für einen Auftrag gehalten, gegen den es keinen Einspruch gab, innerhalb des deutschen Geistes mein Leben zu führen.

5

Die Klasse hatte die antisemitische Gesinnung noch nicht als Rauschgift der Eltern zu sich genommen. Zeitungen wurden kaum gelesen. Sie waren freilich da. Einmal schrieb ich eine Erzählung, wie ich das machte, daran habe ich heute nicht mehr die leiseste Erinnerung, aber ich schrieb sie, mein Vater war sehr bewegt, er verbesserte sie mit mir. Es war die Geschichte einer Schülerfreundschaft mit tragischem Ausgang. Sie spielte nur in meinem Kopf und doch auch in meinem Herzen, auch in der Nähe von Wildenbruchs »Kindertränen«, das war eine Geschichte, die auch mein Vater ergriffen gelesen hatte, vielleicht war das Ergreifende daran hinter aller Unechtheit echt. Mein Vater legte die Erzählung einem Redakteur des Hannoverschen Anzeigers vor, sie sollte gedruckt werden, sie wurde am Ende doch nicht gedruckt, das war wohl gut so. Mein Vater gab das Manuskript auch einem seiner Freunde zu lesen. Er hieß Benno Karger, er war ein wohlhabender jüdischer Kaufmann, und doch stand auf seinem Gesicht das ganze jüdische Leiden. Er schrieb mir damals einen Brief, er habe meine Erzählung mit großer Anteilnahme gelesen, und dann kam der Schlußsatz, ich habe ihn erst vor kurzem wiedergelesen, diesen Satz: »Ich möchte Ihnen raten, lesen Sie Scherr.« Ich tat es leider nicht, dann wären mir vielleicht manche Illusionen erspart geblieben. Fünfzig Jahre später fiel mir die »Menschliche Tragikomödie« in die Hände, eine alte Frau mußte sterben und mir dieses Buch vermachen, damit ich verstand, warum Johannes Scherr so stark auf Theodor Lessing und seine Geschichtsphilosophie gewirkt hat, und auf seine Hauptidee, daß Geschichte nichts sei als nachträgliche Sinngebung und Wunscheinblendung. Hier muß ich noch einmal bekennen, daß ich in der Zeit, als ich begann, mir vor mir selbst ein literarisches Gesicht zu geben, wie kindlich immer, ja sogar kindisch, nicht nur von edlen Gefühlen erfüllt war – das auch, gewiß –, sondern auch von bösen. Es ist das dämonische Bestreben der Literatur, die Moral zu vernichten. Die Aufgabe, dieser Verführung Herr zu werden, ist für den geringsten wie für den größten Schriftsteller nahezu unlösbar, echte Durchbrüche sind so selten wie echte Dichtung. Das wurde mir erst Jahrzehnte später zu bitterer Gewißheit. Ich war in meinen letzten Schuljahren manchem meiner Lehrer gegenüber von unleidlicher, manchmal sogar ziemlich abscheulicher Anmaßung und Frechheit, aus Gründen, die ihnen undurchsichtig blieben, die zu sehen sie sich freilich nicht die geringste Mühe gaben, sonst hätten sie mich um den Finger wickeln können. Wir hatten als Lehrer im Griechischen Herrn Dettmer, dessen völlige Apathie im Unterricht ein Grund dafür war, daß wir von dieser Sprache so gut wie nichts gelernt haben. Der Beruf des Lehrers war für ihn ein Brotberuf, sein eigentlicher Beruf war die Musik, er war ein Freund Max Regers, er war Organist an der Marktkirche, der größten und höchsten Kirche der Stadt, sie steht noch heute. Wenn er in die Klasse kam, war der Teufel los, man erlaubte sich jede Ungezogenheit, er stand da und sagte nichts. Er wurde rot. Auch ich, heute, wenn ich daran denke, falls der Gedanke eines Schreibenden rot werden kann. Im Abitur kam ich gerade mit Genügend durch.

6

Als ich sieben Jahre alt war, fuhr ich mit meiner Mutter, meiner Tante und meinem Onkel nach Norderney. Vom Zug aus sah ich die friesischen Wiesen. In Norddeich sah ich die Nordsee. Gewaltig. So sehe ich sie noch heute mit meinen Augen von damals. Ein Besuch auf der Insel Amrum vor kurzem, wo ich glaubte sie wiederzufinden, die Nordsee, und Amrum ist vielleicht schöner als Norderney, wer weiß, Wilhelm Lehmann nennt es die schönste Insel der Welt, dieser Besuch ist gänzlich gescheitert, es war einfach nicht das. Auf einem vergilbten Gruppenbild sehe ich meine Mutter in einem altmodischen Hut, mich selbst als mageren und schwächlichen Knaben. Aber ich lebte. Ich atmete den Geruch des Meeres. Ich grub mich ein in den Sand. Ich baute eine Burg. Ich fuhr an jedem Morgen mit meinem Onkel in einem Segelboot aufs Meer. Es war stürmisch, die Wellen tobten über das Boot, ich hatte Angst, es war schön. Die Fahnen auf den Burgen! Ich hatte keine. Mein Onkel ging mit mir in einen Laden, wo es herrliche Fahnen gab. Ich konnte wählen, welche ich wolle. In wahnsinniger Bescheidenheit wählte ich die kleinste, es wurmt mich noch heute. Einmal sah ich, wie die Frau, bei der wir wohnten, einem Huhn den Kopf abschnitt, es flatterte noch etwas. Furchtbar. Ich kann mir diesen furchtbaren Eindruck jederzeit erneuern und zog doch niemals Konsequenzen aus ihm, die starken Eindrücke sind eben doch schwächer, als jeder zugibt. Einige Jahre später war ich zweimal während der Sommerferien in einem jüdischen Kinderheim in Duhnen bei Cuxhaven. Ich sehe einen großen in Sonne gebadeten Speisesaal und viele viele Kinder. Am Morgen wurden die noch knusprigen Hamburger Rundstücke in großen Körben hereingetragen. Frische Butter stand auf jedem Tisch. Schäumende Milch wurde eingegossen. Nicht selten waren wir Kinder ungezogen, dann kam Herr Stüwen, das Faktotum des Hauses, und hielt uns auf Platt eine drohende Rede der Rüge. Er war ein wilder Mann, aber gutmütig. Das ging vorüber, wurde kaum beachtet. Frau Fürst, die Leiterin des Heims, trug ihren Namen nicht zu Unrecht: sie war freundlich, streng, unnahbar. Wir spielten am Strand. In der Weite die Schiffe, die Segelboote! Wir fuhren im Wagen durch das Watt nach Neuwerk. Ich war glücklich. Auch Freunde hatte ich. Einer, älter als ich, war krank, er hatte etwas am Rücken, er bewegte sich schwer. Er weinte herzzerreißend beim Abschied. Einmal in vier Wochen gab es einen Kinderball. Das große Ereignis, um das alles sich drehte! Jeder Junge mußte ein Mädchen wählen. Wie das bei meiner Schüchternheit überhaupt möglich war, weiß ich nicht mehr. Aber sie war da, es gab sie, sie war schön. Sie hieß Senta. Man aß, man spielte, man tanzte, in einer großen Polonaise zog man durch das Haus und um das Haus herum. Die Nacht brach ein. Eines Tages war die Zeit abgelaufen. Ich sehe einen Wagen.

7

Mein Bruder Fritz war weltoffen, feurig, schön, enthusiastisch, der Liebling aller. Mein Vater, der seine Kinder mit gleicher Stärke geliebt hat, hätte ihn mehr lieben müssen, wenn er sich die verbotene Antwort auf eine verbotene Frage erlaubt hätte. Er war ihm verständlicher als ich. Irgendwann in einem unvorhersehbaren Augenblick meiner Jugend ist der Geist in mich gefahren, als Trennung von der schönen Natur, an der mein Bruder stark wurde, und er war keineswegs ohne Geist! Ich habe später oft über dieses ungreifbare Ereignis nachgedacht und habe es im Maße meiner wachsenden Eitelkeit als ein Glück, im Maße der schwindenden als ein Unglück empfunden, dem ich mich abgewann als der ich bin, als der ich gleichzeitig nicht bin und niemals sein werde. Nicht zufällig hatte meine erste halb geistige Niederschrift den seltsamen Titel »Vom Willen Gottes, den Geist zu verneinen«. In Bubers »Begegnung« steht der Satz: »Kein anderer als der Geist selber begeht, abgeschnürt, die Sünde am heiligen Geist.« Diese Sünde muß mir dunkel vorgeschwebt haben. Mein Bruder war der Liebling meiner Großeltern. Mein Großvater liebte ihn sichtlich mehr als mich. Mich verstand er überhaupt nicht. Wie sollte er auch! Einmal äußerte er sich in diesem Sinne. Darauf sagte mein Vater: »Er hat es in sich.« Und er: »Laß ihn wenden!« So war es wohl, alles stak drinnen, unsichtbar, nichts war draußen, sichtbar. Es hängt auch damit zusammen, daß nach Scholem die »gleichsam chemisch reine Innerlichkeit der Erlösung«, die einzelne christliche Sekten anstreben, dem Judentum immer fremd geblieben ist. Selbst ein Hölderlin machte sich Vorwürfe, daß ihm das Unreine fehle, Borchardt spielte den schönen unreinen Schrei des Lebendigen gegen George aus. Damals immer liebäugelte ich noch mit jener inneren Reinheit, die Schönheit erzeugt und in ihr versteckt die Eitelkeit. Beides erlebte ich in voller Unschuld. Mein Bruder war gegen solche Gefahren gesichert. Er stand mit beiden Füßen und mit seinem ganzen heißen Herzen in der Welt und früh in den Flammen der Liebe, früher in den Flammen seiner Sinne. Wir hatten ein Dienstmädchen, so nannten sie ein Mädchen, das dienen mußte, sie kam aus der Hefe, sie erzählte uns am Abend, wenn die Eltern ausgegangen waren, die allerschmutzigsten Dinge. Auf mich wirkte es schlimm, auf meinen Bruder natürlich. Das Mädchen wurde bald fortgeschickt. Meinem Bruder fielen die Frauen zu. Mein Vater las heimlich einen Liebesbrief an ihn und strahlte. Ich las ihn auch. Das war viel später. Es war wirklich eine echte Frauenstimme, die da sprach, sie war in der Offenheit ihrer Liebe rein, sie ehrte beide. Mein Bruder liebte mich tief und uneigennützig. Das Geld war knapp, er verzichtete um meinetwillen, ging schon nach Untersekunda ab und wurde Kaufmann. In seiner Klarheit hätte er das Studium eher verdient als ich in meiner anspruchsvollen Wirrnis. Als Kaufmann wäre ich einfach verloren gewesen, als Student war ich es beinahe, wenn auch anders. Menschen, Kräfte, Ideen rissen an mir, sie hätten mich zerreißen können, ich war stärker, um einen hohen Preis, aber da war mein Bruder längst nicht mehr am Leben, er fiel als Zionist auf *deutscher* Seite in Palästina, dorthin hatte er sich freiwillig gemeldet. Als er Abschied nahm, sah er mich mit einem warmen Blick der Liebe an, ich habe ihn aufbewahrt, diesen warmen Blick der Liebe. Er hat mich sehr geliebt, mit betreuender Liebe geliebt. Meine Welt teilte er nicht, aber er hat sie geachtet. Einmal trat er in mein Zimmer, ich las gerade in Georges »Siebentem Ring«, den ich selbst noch kaum verstand, er blätterte in dem auch äußerlich überaus seltsam wirkenden Buch und legte es schweigend beiseite. Er war früh Zionist wie alle seine Freunde in Hannover, mit Leidenschaft. Es gab wilde Kämpfe. Die ältere Generation verwarf diese Tendenzen so absolut, wie sie auch die Ostjuden ablehnte, die in Hannover lebten. Ein Onkel aus Berlin kam öfter zu uns zu Besuch. Regelmäßig verschwand er für einige Zeit, und alle wußten, wo er war: bei seiner Schwester, die einen Ostjuden geheiratet hatte und noch dazu einen armen Ostjuden, er wohnte in der Altstadt, in der Osterstraße. Dort hinterließ er eine Gabe und kam zurück, darüber durfte nicht gesprochen werden. Es gab zionistische Diskussionsabende, antizionistische Polemik, Redner kamen von auswärts, einmal sprach Jabotinsky, der radikale Nationalist. Unsere Freunde, auch Ernst, gingen in diesen Bestrebungen auf, es war wie ein frischer Luftzug, ich nahm an allem teil, aber wie von außen und oben, ich war nicht dagegen, eher dafür, und doch ließ ich es nicht ein, ich blieb verschlossen in meiner Welt, objektiv dumm auf beiden Seiten, subjektiv von einem dumpfen aber heiligen Willen, aus meiner Welt mich in die Welt des deutschen Geistes zu erheben, und noch in ihrer Gegnerschaft verstanden meine Eltern, meine Großeltern meinen Bruder mehr als mich, von dem sie überhaupt nichts verstanden, es war gar nichts zu verstehen da, sogar für mich selbst, aber mein Vater glaubte an mich.

8

Wir wohnten in der Alten Cellerheerstraße. Dort spielte ich mit den Böhmeschen Kindern. Im Hof war ein Reck und Ringe. Ich hielt mich tapfer, aber die Riesenwelle, die Gustav Böhme leicht bewältigte, dazu langte es nicht. Etwas weiter entfernt, in der Friesenstraße, wohnte mein Vetter Walther Buchholz, dessen Wissen ich anstaunte. Er war vier Jahre älter als ich. Sein Schulaufsatz »Von Schluchsee nach Sankt Blasien« imponierte mir gewaltig. Auf einem Spaziergang durch die Eilenriede erzählte er mir den ganzen Inhalt der »Hosen des Herrn von Bredow«. Er hat viel gelitten. Hitler vertrieb ihn nach San Domingo, in New York kehrte er zum Leben zurück. Ein paar Häuser weiter wohnte mein Kindheitsfreund Hans Eckert. Als wir umzogen, verlor ich ihn aus den Augen. In den zwanziger Jahren schrieb er mir einen rührenden Brief, in dem er mich bat, unsere Freundschaft zu erneuern. Ich habe abgelehnt. Das war vielleicht nicht richtig. Selbst der Weg des aufrichtig um Recht bemühten Menschen ist mit Unrecht gepflastert. Später wohnten wir in der Lavesstraße, nicht weit vom Bahnhof, wo noch immer die Reiterstatue des Königs Ernst August steht, dem die Göttinger Sieben zeigten, was ein Eidbruch bedeutet. Die Hinterfenster der Wohnung gingen auf die Schienenstränge. Dort lag ich stundenlang im Fenster, um das Kommen und Gehen der Züge zu sehen. Dieser Anblick, obwohl er sich an jedem Tage zu derselben Stunde wiederholte, war immer aufs neue erregend. Ich wußte das Kommen und Gehen der Züge auswendig, ich fuhr mit ihnen in die Weite, ich zog sie in die Nähe. Ich ging allein durch die Straßen. Am Schiffgraben, wo die ganz vornehmen Leute wohnten, sah ich die offenen Fenster und träumte märchenhaften Reichtum. Ich las auch die elenden Romane von Annie Wothe, die das vergoldete Leben der Offiziere, der Ulanen, den Bürgern vermittelte, auch mir. Der höchste Chef dieses Ulanenregiments war Wilhelm II. Der Kaiser kam jedes Jahr einmal nach Hannover und zog hoch zu Pferde an der Spitze seines Regiments durch die Stadt. Ich stand stundenlang an der Georgstraße, bis das Ersehnte geschah. Ich sah ihn, neben ihm den Grafen Waldersee, der einmal in China sein Unwesen getrieben hat, aber was für ein unwiderstehlicher Name, ich rief begeistert Hurrah, ich war glücklich, der Geist erhob keinen Einspruch. Bei uns zuhause wußte man die Familienbeziehungen sämtlicher Hohenzollern am Schnürchen. Ich las und las, Sigismund Rüstig, den Schiffsjungen von Norderney, Karl May, beim Tode Winnetous vergoß ich Tränen, Hadji Halef Omar war mein Freund, er hatte aber noch zehn weitere Namen, mein Klassenkamerad Albert Mühlmeister konnte sie alle auswendig, ich raste durch das Land der Skipetaren, das war Albanien, der Schut brachte mich in Aufruhr, das alles aber war nichts gegen den Grafen von Monte Christo, ich verschlang das Buch, ich wurde verschlungen, nicht ohne Mühe kam ich wieder an die Oberfläche, und so geschah es noch einmal, als ich den »Kampf um Rom« von Felix Dahn las, atemlos. Ich als auch die »Wiskottens« von Rudolf Herzog, das war jener berühmte Autor, dessen Tochter bei seinem sechzigsten Geburtstag gesagt haben soll: »Papa lügt so schön, und wir leben davon«, ich merkte nichts, ich fand es schön, auch mein Vater, denn es ging um Elberfeld, dort hatte er gelebt. Ich las »Jörn Uhl« von Gustav Frenssen und war begeistert.

Ich las nicht nur, ich lebte. Im Winter wurden die Wiesen der Masch überschwemmt, und wir liefen Schlittschuh, in großen Bogen. Im Sommer gingen wir am Sonntag in die Eilenriede, nach Steuerndieb, zum Kirchröder Turm, in den Tiergarten. Die Rehe im Tiergarten fraßen aus der Hand, die Kastanienbäume blühten. Dort wurde zu Abend gegessen, aus einem großen Paket mit Butterbroten, einer hatte es tragen müssen und wollte nicht, dann zurück durch den dunklen Wald, singend. An einem dieser seligen Tage war es, daß ich den Satz hörte: »Der Erzherzog Franz Ferdinand ist ermordet.« Alle horchten auf. Auch ich. Ich fühlte nicht viel, aber etwas, dieses sehr bestimmt. Es verging, es kam wieder. Es war aus, es fing an.

9

In den großen Ferien fuhr ich öfter nach Leipzig. In Lindenau wohnten meine Verwandten, zwei Schwestern hatten zwei Brüder geheiratet, Kinder gab es, nicht viel älter als ich, drei Mädchen und einen Jungen, zwei sind Hitler zum Opfer gefallen, zwei haben überlebt. Von Geist war da nicht viel zu spüren, aber es ging hoch her. Gegessen wurde gut, und es wurde unendlich gelacht. Leider spielten wir Kinder auch Karten, wie die Erwachsenen, und es war sogar Poker. Ich tat mit und spürte die Leidenschaft des Spiels, später habe ich nie mehr eine Karte angerührt. In Leipzig wohnte eine Schwester meines Vaters. Sie muß als junge Frau sehr schön gewesen sein, dann kam das Unglück, ihre kleine Tochter fiel vom Balkon und war tot, sie blieb dieselbe und war doch verändert. Von ihren drei Kindern war es Bruno, der mir nahestand, er war älter als ich, er studierte schon Medizin, er war gezeichnet durch seinen Geist, er starb nach dem Krieg an der Grippe. Mich mochte er gern, weil ich anders war als seine Umgebung, von ihm hörte ich von Karl Kraus, nicht zum ersten Male übrigens, denn einige Jahre früher sah ich halb ahnungslos ein Heft der Fackel bei einem Studenten aus Prag, der bei meinen Eltern wohnte, mein Blick fiel auf das Heft, in dem das schöne Gedicht von Werfel stand »Tschibuktürke überm Ladenschild«, damals war Werfel noch ein Dichter und nicht die fünfdeutige Notabilität einer den Ruhm leicht gebenden, leicht nehmenden Epoche. Bruno lebte mit seinen Eltern in Unfrieden, warum, habe ich nie deutlich erfahren, alle trugen es als etwas ganz Unverständliches mit Gleichmut, und doch wohnte er im elterlichen Hause. Mich stieß das ab, denn Ähnliches gab es in meinem Elternhause nicht, es zog mich aber auch an, er zog mich an. Einmal also war ich an einem Abend dort, plötzlich ging die Tür auf, im Rahmen der Tür stand Bruno, und mit schneidender Kälte, ich selbst sollte dahinter seine persönliche Wärme spüren, rief er ins Zimmer hinein: »Also Werner, wenn du mich besuchen willst, ich wohne zwei Türen weiter!« Sprach's und verschwand. Tiefe Stille. Ich war verlegen und fühlte mich geehrt, ich ging.

In Leipzig traf ich zum ersten Male Paul. Wir suchten uns, ehe wir uns gesehen hatten. Wir erkannten einander an unseren Namen. Nun war des Wechselstroms und der lebendigen Menschenrede kein Ende und kein Anfang, in Leipzig, in Magdeburg, in Hannover und Berlin, in Fohrde in der Mark, bevor er in den Krieg ging, in Braunlage, als er schon krank war, in einem Sanatorium in der Heide, als er noch kränker wurde, von dort war kurz vorher ein Herr Lothar Treuge nach Berlin transportiert worden, ohne Geld für die Reisekosten, und Georg hatte gedichtet »Dich werd ich ob der Tränen nicht vergessen / Die denen du geweint die ich geliebt«, das war vorher, nachher las man's anders, denn Lothar Treuge hatte sich mit der Masse eingelassen, pfui. Und auch Paul wurde nach Berlin transportiert, um dort zu sterben. Wir waren eines, im Zimmer und auf der Straße, an der Elbe und in der Eilenriede, sprechend bis in die Nacht hinein, Briefe schreibend in besessener Steigerung, als ich auswanderte, stand eine Kiste mit Briefen da, übervoll, und flehte uns an, wir konnten sie nicht mitnehmen, es ging nicht, verloren. Wovon wir sprachen? Von allem. Von allen Dichtern, den kleinen und den großen, von Rilkes Mädchenliedern und dem »Stundenbuch«, von Dehmel und Liliencron, von George und Hofmannsthal, von Borchardts Jugendgedichten, von Goethe und Hölderlin, später, aber auch früher, wir waren jung, von Georg Heym, von Werfels »Weltfreund«, von Kafka und Sternheim. Und die Gedichte erklangen durch die Nacht. Deine! Auch meine, obwohl sie damals nichts waren, verglichen mit den deinen, du liebtest, ich quälte mich.

Dein Herz brach aus. Unschuld wurde Sprache. Die Geliebte wußte von nichts, du alles von ihr. Und noch einmal in Berlin! Ein Gang mit ihr und dann der Tod! Eine Leidenschaft, die sich in einem Gedicht von fünfzig Strophen aussingt, davon wollen die alten Knacker und die schon angejahrten Windhunde nichts wissen, es ist zu privat als daß es ein Publikum interessieren könne, so diktieren sie, ohne dieses Publikum zu befragen. Es ist aber noch nicht aller Tage Abend, selbst heute nicht, auch wenn es so aussieht, mit der Angst als Brillantnadel aus Katzensilber. Hier wurde gelebt und Leben gezeugt. Die Zeugnisse warten mit Ungeduld. Einer hat sie gekannt, Franz Blei, und ich war der Zeuge. Er hatte mir auf zwei Hefte mit kritischen Ergüssen ohne anderen Gehalt als den der jugendlichen Anmaßung mit rührender Aufmunterung geantwortet, das war 1913: »Nehmen Sie meinen besten Dank dafür, daß Sie mir Einsicht in Ihre spirituellen Tagebücher gewährt haben, aus denen ein herzlich bemühter Mensch sich auf edle Weise zeigt. Es ist ein sehr schönes Gefühl, die Nachkommenden auf Wegen zu sehen, die man selber in die Wildnis legte, ohne Hoffnung, daß etwas anderes als snobistische Eilfertigkeit ihn einmal zu gehen versuche. Das menschliche Zusammengehörigkeitsgefühl so bestärkt zu bekommen, wie es durch Ihr Tagebuch geschieht, gibt einem eine gute Fröhlichkeit, und dafür danke ich Ihnen. Lassen Sie sich durch keine äußeren Dinge davon abhalten, sich weiter so von Herzen mit den Dingen auseinanderzusetzen, auf die allein es ankommt, wenn man das rechte Leben führen will.« Ich lernte ihn kennen, dann Paul. Den Druck der »Gedichte« in Kurt Wolffs »Jüngsten Tag«, unausgereifte und doch ergreifende Zeugnisse frühester Liebe, hat er vermittelt. Derselbe Franz Blei war es, der im Anfang der zwanziger Jahre sich bei Moritz Heimann für den Druck eines reiferen Gedichtbands so wirksam eingesetzt hatte, daß Paul nur den Vertrag des Verlags S. Fischer zu unterschreiben brauchte. Da stellte er eine nach Lage der Dinge wahnwitzig unüberlegte und doch so harmlose Frage, aber wir waren jung und ohne Erfahrung von der Welt, postwendend kam das Manuskript zurück und liegt noch heute brach, während die »Gedichte« mit der ganzen Reihe des »Jüngsten Tag« im Verlag Heinrich Scheffler in Frankfurt 1970 wiedergedruckt sind. Jahre nach Pauls Tode, bei der Aufführung von »Seltsames Zwischenspiel« von O'Neill in Berlin mit Elisabeth Bergner in der Hauptrolle, und sie, die so hinreißend im Film war, spielte gar nicht gut, es war ein Riesenerfolg, weil Kerr zweimal in die kritische Posaune geblasen hatte, da gab es im Foyer ein anderes seltsames Zwischenspiel. Dort stand einsam Franz Blei. Ich war nicht mehr in persönlicher Verbindung mit ihm. Nun ging ich auf ihn zu und sprach ihn an. Er fragte: »Wie geht es Ihrem Vetter?« Ich mußte ihm sagen, daß er tot sei, und ich war nicht beleidigt, daß er nicht fragte, wie es mir gehe. Er hat dann noch Versuche gemacht, einen Verleger für die Gedichte zu finden, ohne Erfolg, sein Einfluß war nicht mehr der seiner großen Zeit. Als 1913 von ihm herausgegeben die »Weißen Blätter« erschienen, lasen wir in Hannover das erste Heft. Paul war hingerissen von Werfels ersten Gedichten aus »Einander«, ich von Borchardts dichterischer Lebensbeichte »Wannsee«. Ob so heute noch Dichter geliebt werden? Meine Erinnerung springt, nur so kann ich mich überhaupt erinnern. In der Buchhandlung Ludwig Ey am Steintor war ich jeden zweiten Tag. Einmal stand Theodor Lessing im Laden, er blätterte in den »Weißen Blättern« und stieß auf »Wannsee«. Er fragte so nebenbei, ob es in Hannover wohl Leser gebe, die sich für Borchardt interessierten, und mußte von einem jungen Menschen hören, der alles kaufe, was von Borchardt erscheine. In diesem Augenblick kommt dieser junge Mensch herein, es begann ein Gespräch, und er lud mich ein, ihn zu besuchen. Ich war überaus geschmeichelt. Für Theodor Lessings Philosophie interessierte ich mich erst viel später, ich konnte ja nur von Gedichten sprechen und war dazu auf unreife Weise von Borchardts Kulturnationalismus erfüllt, dessen Positives ich damals so wenig abschätzen konnte wie das Negative, den Lessing aber ganz durchschaute, ohne den Dichter darum weniger zu bewundern. Er ließ mich das nicht merken. Wir lasen »Wannsee« von Anfang bis zu Ende, und er erklärte mir vieles. Ich schrieb einen Aufsatz »Der Stern des Bundes und Wannsee«, und Franz Blei brachte ihn in der »Aktion« unter. Wie stand ich da! Aber es war eine Mischung von echter Begeisterung für Borchardt und unechter Kritik an George, Zeugnis einer Verlogenheit, die schlimm hätte enden können. Theodor Lessing, der mit der Malerin Karoline Ehrmann, Borchardts erster Frau, verwandt war, auch sie ein Opfer Hitlers, schickte Borchardt meinen Aufsatz. Er antwortete mir am 29. Juni 1914 auf meinen Brief: »Ich kenne den Zustand, aus dem heraus Sie mir schreiben, zu genau, um ihn nicht sehr zu respektieren; zu genau, um ihn mit einem nichtssagenden Rate oder einem Vorgeben abzufertigen, als könnten solche Fragen und Nöte durch wenige Worte zu schlichten und aufzulösen sein. Versuchen Sie mir, wenn Ihr Vertrauen zu mir so weit geht, mehr von sich zu sagen. Die Not der Zeit ist allen gemeinsam und in diesem Sinne, wie alles Allgemeine, unheilbar. Der Schwindsüchtige läßt sich in den Gesunden zurückbilden, nicht die Schwindsucht. Und in einem gewissen Sinne ist uns allen, wer immer wir seien, das Gift in die Wiege gegeben worden, das wir, ein jeder für sich, auszuheilen haben. Grollen Sie inzwischen Ihrer Berufsarbeit nicht, und glauben Sie nicht, daß die Zeit, die Sie Ihren geistigen Interessen zuzuwenden haben, nach der Elle gemessen werden dürfte. Die Erfahrung wird Sie oft genug gelehrt haben, daß die in Sekunden gefaßte Intensität des Erlebens durch leere schlaffe Stunden nicht aufzuwiegen ist. Das Edelste und fast alles Heroische, das Menschen und der Menschheit gelungen ist, ist aus solchen Differenzen zwischen dem Zwange und der Freiheit hervorgebrochen. In allen unseren Bedingtheiten liegen formierende und formverwandte Elemente, die wir zur Form erheben können und die wir nur gegen Formen einer höheren Ordnung, aber nie gegen Formlosigkeit vertauschen dürfen. Die Literatur als Sphäre der Welt aber ist noch nicht einmal chaotisch, sie ist der Schutt zusammengebrochener organischer Gefüge; gegen ihre berufsmäßige und alltägliche Betreibung gehalten, ist noch das demütigste Tagewerk heilig. In dem Sinne freilich, in dem Sie das *Studium* der Literatur zu betreiben wünschen und nach Methode und Systematik verlangen, gibt es nicht einen Weg, sondern hunderttausend. Jeder Punkt in ihr kann ein Anfang sein, jeder ein Ende, und jeder ist im Grunde beides. Den Beginn kann nicht unser Wille schaffen, sondern nur unser Dämon. Denn wo Sie sich angezogen fühlen, wählen Sie schon unbewußt, und der Weg von diesem Unbewußten zum immer Bewußteren ist der ganze Weg der Bildung. In die ganze Tiefe betrachtet, enthält ein jedes Werk der Literatur alle anderen oder führt zu allen anderen; aber es führt nicht jeden gleich oder zum gleichen. Die Führung allein ist das Unentbehrliche; ich verstehe darunter das organische Anwachsen neuen Interesses an einen ersten Kern von Interesse; aber diesen kann nichts schaffen als das Geheimnisvolle einer eigenen und eigentümlichen Anlage. Mehr als dies will ich für heute nicht zu sagen versuchen. Lassen Sie wieder von sich hören, sobald es Ihnen ums Herz ist. Daß Sie mein Gedicht gerade in den nicht unmittelbar gefälligen Teilen so richtig begriffen und mit sich selber ins Gleiche gesetzt haben, hat mich gefreut, und wie ich selber in jüngeren Jahren der Teilnahme Älterer das Unverdankbare verdankt habe, so bin ich heut gern zur Stelle, wenn das wenige, das ich etwa zu bieten hätte, Jüngeren von Nutzen sein kann.« Eine Bahn schien sich zu öffnen. Eine kurze Frist, und die Welt zeigte ihr Medusenantlitz, dessen steinernes Entsetzen auch heute, nach fünfzig Jahren, nicht einen einzigen sanften Zug verrät. Es begann das Neue. Vorher schloß Vieles.

Wir zogen in die Fundstraße, nahe der Eilenriede, dort wohnten wir, bis mein Vater 1916 starb. Der schöne efeuumwachsene Balkon, wo wir am Sonntag Morgen frühstückten! Ein paar Häuser weiter wohnte Adolf Rosenhain, ein Bruder meiner Großmutter. Er war etwas schwach an Geist und wurde nicht für voll genommen. Um so freundlicher war er. Ich hatte in der Familie einen frühen Ruhm, meine Gabe, die biblischen Geschichten nachzuerzählen, die ich von unserem Religionslehrer gehört hatte, war groß, und dieser sagte sogar zu meinem Großvater, ich müsse unbedingt Rabbiner werden. Das wurde ich nun nicht, aber der freundliche alte Onkel brach jedes Mal, wenn er mich auf der Straße sah, in die biblischen Worte aus: »Seht, da kommt der Träumer her, wir wollen ihn in die Grube werfen!« Als ich nach dem Zweiten Weltkrieg wieder nach Hannover kam, war unser Haus weg. Einige Jahre später stand es neu. Wir wohnten später in der Podbielskistraße, nahe der Krautstraße, dort stand die Holzstiftefabrik meines Onkels, die dieser von meinem Großvater geerbt hatte. Mein Großvater hatte zusammen mit seinem lebensfreudigen, eleganten und leichtsinnigen Bruder in der Packhofstraße eines der vornehmsten Geschäfte für Damenkonfektion besessen. Dieser Bruder hatte Beziehungen zu einer Angestellten und schwur einen Meineid. Er kam ins Zuchthaus. Es muß ein furchtbares Ereignis gewesen sein. Später zog er nach Braunschweig und ist dort als geachteter Bürger in hohem Alter gestorben. Aber das Leben seiner Frau und seiner Kinder blieb verschattet. Einmal im Jahr kam er nach Hannover, zum Neujahrsfest, am Abend bei dem festlichen Essen saß er neben meinem Großvater und verschwand dann, wie er gekommen war, still. Meine Großmutter stammt aus Celle. Ihre Schwester wohnte dort. Wir besuchten sie einmal. Ich erinnere mich an das freundliche Häuschen, an die freundliche alte Frau. Ich erinnere mich an ihre beiden unverheirateten Töchter. Die eine zeichnete sich aus durch eine ungewöhnliche Begabung, jede Neuigkeit blitzschnell zu verbreiten, die andere durch die Selbständigkeit ihrer Lebensführung als Musiklehrerin in ausschließlich christlichen Kreisen. Auf ihren christlichen Umgang war sie nicht wenig stolz. Es war aber nicht Geringschätzung der Juden, sondern eher ein natürliches Entwachsensein, dessen Beschränktheit sie nicht durchschaute, denn die Leute, die sie vorzog, dürften nicht viel anders gewesen sein. Sie wollte höher hinaus und fühlte sich unbefriedigt in einer wesentlich kaufmännisch und praktisch interessierten Umgebung ohne künstlerische Neigungen. War sie schrullig und beschränkt, so war sie aufgeweckt und witzig. Sie schlug sich in allen Fragen, wo Jugend gegen Wände stieß, heimlich und auch offen zu uns, und mir wird warm ums Herz, wenn ich an sie denke. Sie hat 1933 noch gelebt, und ich hoffe, daß sie energisch genug war, dem schrecklicheren Tode als dem schrecklichen durch Gift zuvorzukommen. An das freundliche Haus in Celle erinnere ich mich aber auch aus einem anderen Grunde. Wenn man die Haustür öffnete, ertönte eine Schelle, ich höre sie noch. Einmal habe ich den Klang einer solchen Schelle gehört, nicht im Leben, sondern bei Gerhart Hauptmann, dessen problematisches Werk so reich ist an herrlichen Einzelzügen. In »Vor Sonnenuntergang« wird der Geheimrat Clausen von seinen Kindern entmündigt und in den Tod getrieben, weil der alte Mann es gewagt hat, noch einmal zu lieben, und weil er beabsichtigt, das junge Mädchen Inken Peters zu heiraten. Im fünften Akt kommt er in stürmischer Nacht in das Häuschen der Frau Peters, dort nimmt er sich das Leben. Er kommt und reißt »blind in die Blechschelle«. Dann tritt er ein, im Sommerpaletot und ohne Hut, der vornehme Mann, beschmutzt und durchnäßt. Er spricht logisch und sogar humoristisch, aber man ahnt das Verhängnis. Und da steht es: »Aber Ihre Klingel, Frau Peters, würde ich unter tausend herauskennen – darf ich die Schelle noch einmal anziehen?« Dann geht er hinaus, zieht die Schelle und kommt sogleich wieder ins Zimmer, und dann sagt er: »Wollen Sie glauben, daß ich mich auf dem ganzen Weg heraus diebisch auf das Scheppern gefreut habe? – Und Inken machte die Tür auf...« Genau dies ist es. Solche Seelentöne gehen der Welt verloren, in der Wirklichkeit und in der Dichtung. Daß sie andere hervorbringen wird, ist denkbar, aber man muß eine ungeheure Geduld haben. Vorläufig gibt es noch dieses Wenige der Erinnerung. Bei uns zuhause schlug eine Uhr. Sie schlug die Stunden in einem schönen runden Ton. Die Uhr, die in Hannover in unserer letzten Wohnung in der Tiestestraße stand, mit nach Palästina zu nehmen, wäre unsinnig gewesen. Wo aber habe ich eine Standuhr gesehen? Vor einigen Jahren in Bangkok! Da stand sie, in einem buddhistischen Tempel, unter den Geschenken der Gläubigen. Es gehört nicht zur Sache, und es muß doch heraus, was man mir in Bangkok erzählt hat, denn in meinen Erinnerungen werde ich bestimmt nicht so weit kommen, daß ich von meinem Aufenthalt in dieser unendlich merkwürdigen Stadt und von diesem so liebenswerten Volk erzählen könnte. Jemand suchte ein Zimmer und kam zu einer thaiischen Dame. Zu seinem Erstaunen sah er dort eine Hitlerbüste mit abgebrochener Nase. Die Frage, ob sie wisse, wer das sei, verneinte sie. Auf die Erklärung, das sei ein böser Mann gewesen, sagte sie gelassen, sie habe die Büste nach dem Krieg in der Deutschen Botschaft gekauft, denn sie sei so sehr billig gewesen. Das ist die Vergeltung für den Ruhm des Bösen. Als ich jung war, waren die ersten Keime des Bösen gewiß schon gesät, aber das Gute, wenn auch in einem gewissen Sinne trostlos, wie Kafka sagt, konnte sich noch regen.

II

Ich denke an einen. Er ist in hohem Alter in Frankfurt gestorben. Ich traf ihn auf unserem Schulweg, denn er ging in eine andere Schule. Hans stammte aus einer von früh auf zerstörten Ehe. Sein

Vater, ein verkauzter Mensch, war Rechtsanwalt und Spezialist für Ehescheidungen, nur seine eigene Ehe konnte er nicht lösen, seine Frau verweigerte die Scheidung als eine nach den Sitten der Zeit gesellschaftliche Schmach. So lebte er in seiner eigenen Wohnung gleichsam als Untermieter. Bei dem Sohn aus dieser Ehe kam alles verkehrt heraus. Er hat es, wie man sagt, zu nichts gebracht, und er wollte es auch zu nichts bringen, er hatte nicht den geringsten Ehrgeiz, dafür ein unbegrenztes Liebesbedürfnis mit hemmungslosen Affekten im Guten und Bösen, die sich besonders an mir austobten, es zog ihn zu mir, es stieß ihn ab. Aber auch in jedem anderen Kreise kam es sehr bald zum Wirbel, zum Tumult, zur Krise, zum Bruch, zur Versöhnung. Er war frei von allen gesellschaftlichen Konventionen und lebte ohne das geringste Bewußtsein eines Unterschiedes heute oben und morgen ganz unten. Hatte er etwas vom Schmarotzer, so hatte er auch etwas von Dostojewskis Idioten, und nicht ganz zufällig war das ein Buch, das er unendlich liebte, nicht anders als ich, wir haben endlose Gespräche darüber geführt, aber er sprach über ein solches Buch, als wären es lebendige Menschen seines Umgangs, die ihm ihre Liebesschickungen erzählten. Wie die Natur noch ihre Stiefkinder bedenkt, so begabte sie ihn mit der Musik. Er war überaus musikalisch, er entwickelte diese oft zweideutige Gabe geradezu lasterhaft. Viele Male hat er alle Wagneropern gehört, noch öfter die Oper »Tiefland« von d'Albert, in die er einfach versank. Er gehörte zu unserem Freundeskreise, er kam in mein Elternhaus, er nahm an unserem Leben teil. Er war unerschöpflich in kindlichen Scherzen bis zur Albernheit, gelegentlich auch Bosheit. Er war eingeladen zum Mittagessen. Der Tisch war gedeckt, ein schneeweißes Tischtuch. Meine Mutter schrie auf. Ein großer schwarzer Tintenfleck! Es war ein Scherz, man konnte solche Scherzartikel kaufen. Wir machten zusammen Ausflüge, wir gingen zusammen ins Theater, wir sahen Bilder, sprachen über Bücher. War er klug? War er dumm? Er war auf eine höchst produktive Art wohl beides. Was immer er war und nicht war, er war lebendig. Er hatte etwas vom Klatschmaul und etwas von einem Genie, das die Verkörperung ablehnt, weil es zu anstrengend ist, etwas Gründliches zu lernen, er überließ das anderen, war aber tief gekränkt, wenn diese ihn ihre Mißbilligung seiner Lebensweise merken ließen, und nicht frei von Rankünе gegen alle, die ihm Gutes taten. Nach 1933 wäre er verloren gewesen, ich rettete ihn, er kam nach Palästina und lebte hier unter freilich menschenunwürdigen Bedingungen. Es ging ihm schlecht, und er rächte sich an denen, denen es auch schlecht ging, die aber etwas taten, damit es ihnen besser ginge. Er lebte sein altes Leben weiter, er kam und war heiter, er brach ab und war böse, beides in rhythmischem Wechsel. Er dichtete. Er entwickelte ein Talent, das ihn bei manchen in den Ruf der Begabung brachte. Nicht bei mir. Die Hölle brach aus, es kam zum Bruch. Wir sahen uns Jahre lang nicht. Später lenkte er ein und auch ich. Er wußte immer, daß er Unrecht hatte, ich immer, daß er es wußte. Nach dem Krieg ging es ihm besser, und er verließ das Land. Ich schenkte ihm zum Abschied Kafkas »Amerika«, und er schrieb mir in einem Brief noch vor der Abfahrt dies: »›Amerika‹ habe ich nun bereits gelesen, aber ich werde es auf der Hinfahrt wieder lesen, denn es hat tiefen Eindruck auf mich gemacht. Daß den Onkel (man pflegt ihn auch den lieben Onkel zu nennen, nicht wahr?) eine innige Freundschaft mit Herrn Green verbindet, habe ich immer schon vermutet. Neu war mir, daß die Verstoßung aus seinem Paradies nicht den Eingang in den Himmel verschließt. Wirklich: der Himmel *ohne* den Onkel (oder lieben Onkel) kann allein der Himmel sein. Die Hölle der Unordnung, die dem Leser so unendlich deprimierend in der Umgebung Bruneldas geschildert wird, das Sich-Gehen-Lassen der Menschen als Ursache der Hölle ist überzeugend, aber Kafka hat wohl nicht die Hölle der Ordnung gekannt, die uns ihn Überlebenden Kafkas Hölle noch erträglich erscheinen läßt. Herrlich ist der Himmel geschildert oder vielmehr der Eingang in ihn, und daß es den lieben Onkel dort nicht gibt, macht den Himmel noch einmal so schön. Aber etwas habe ich vermißt, und ich begreife nicht, daß Kafka die Figur des Heizers dort nicht wieder hat erstehen lassen. Welch unendliche Möglichkeiten für ihn, die Trauer in der Freude zu schildern, hätte es da gegeben! Denn die so bedenkliche Freude des Helden bei dem wunderbaren Abschied von dem Heizer am Ende des ersten Kapitels enthält nicht die Trauer, so wie sie hätte sein müssen. Ich kann Dir gar nicht sagen, welch tiefe Wirkung die Seiten, auf denen der Abschied geschildert wird, auf mich gemacht haben. Ich schreibe mit Absicht ›die Seiten‹, denn fast photographisch genau war ein Abschied geschildert, den ich selbst vor ca. zehn Tagen genommen habe, innen und außen genau derselbe wie z. T. auf den Seiten 40–43 geschildert. Ich war vor den Kopf geschlagen, so genau war die Situation die gleiche. Hoffentlich ist die Gleichheit damit erschöpft, mein Bedarf an mystischen Ereignissen im Leben ist restlos gedeckt.« Dieser auch inhaltlich bemerkenswerte Brief ergreift mich als die Eindrucksschilderung eines natürlichen und leidenschaftlichen Lesers, der alles auf sich bezieht und alles aus sich schöpft, ohne alle literarischen Konventionen des Urteils. So war er! In Frankfurt hatte er noch Freuden, und wir haben uns in Abständen wiedergesehen, als ob nichts zwischen uns stände. Es stand auch nichts zwischen uns als das Unglück seiner Geburt. Er war eine sonderbar überzeugende Einheit von Fehlern, wenn man den Schlüssel zu ihm hatte. In einer traurig verkümmerten Art nahm er am Leben des Geistes teil. Er hat mit einem Menschen wie Borchardt, dessen dämonisches Genie er tief verstand, in Berlin Tee getrunken, heißen Tee, aus einer Chinatasse ohne Henkel und verbrannte sich heroisch schweigend die Finger. Schröder hat ihm einmal einen sehr schönen Brief geschrieben, in dem er den ihm angebotenen Vergleich mit Hölderlin aus echter Bescheidenheit ablehnte. Hans starb. Nach seinem Tode hatte ich einen Traum. Ich hatte einen Mord begangen. Ich wurde plötzlich verhaftet, auf einen Wagen gesetzt und fortgebracht, hinter mir die sprachlosen Freunde. Der Wagen fuhr, und plötzlich saß *er* neben mir. Wir sprachen. Nicht von dem Mord! Obwohl er von ihm wußte! Sondern von allem, worüber wir sonst gesprochen hatten. Der Traum treibt die Dinge auf die Spitze der Unmöglichkeit. Aber so war er, er allein wäre in solcher Lage solcher Haltung fähig gewesen. Ich gedenke seiner mit Freude.

12

Es kam das Jahr 1914. Ich verließ die Schule. Es kam der Krieg. Ich wurde in den Aufbruch der deutschen Menschheit verwickelt, in das erste Abenteuer verwickelt, das zum Abenteuer der Welt als ganzer wurde, mit allen Folgen, sie haben heute nicht etwa aufgehört, sondern sie haben im Gegenteil einen neuen Anfang gesetzt, und kein Mensch könnte in Wahrheit sagen, ob dieser Anfang wirklich auf das Ende losgeht, das nicht mehr aufzuhebende, oder auf sich selber, auf den Anfang nämlich, der endlich einmal einer wäre, wir wissen eben gar nichts und nicht einmal das. In der allgemeinen Aufregung vor dem Ausbruch des Krieges rief mein Onkel mit völliger Überzeugtheit, und ich selbst habe es geglaubt, nur der Kaiser könne uns noch retten, wie ein Kind, das von der Mutter geschlagen wird, sich hilfesuchend an die Mutter wendet, an die Stiefmutter. Nur der Kaiser also könne uns retten, der einige Tage später den Krieg erklärte, und ganz Deutschland, die Arbeiter eingeschlossen, stand in Flammen der Begeisterung. Es ist ein Witz, nicht mehr, aber auch nicht weniger, Karl Kraus hat ihn überliefert, daß ein Berliner Journalist auf seinem Schreibtisch ein Plakat aufgestellt hatte, auf dem zu lesen war: Wer jetzt nicht lügt, ist ein Schuft. Mein Bruder, obwohl er Zionist war, meldete sich wie viele junge Juden seines Alters freiwillig zum Heeresdienst, ich nicht, obwohl ich kein Zionist war und mit dem

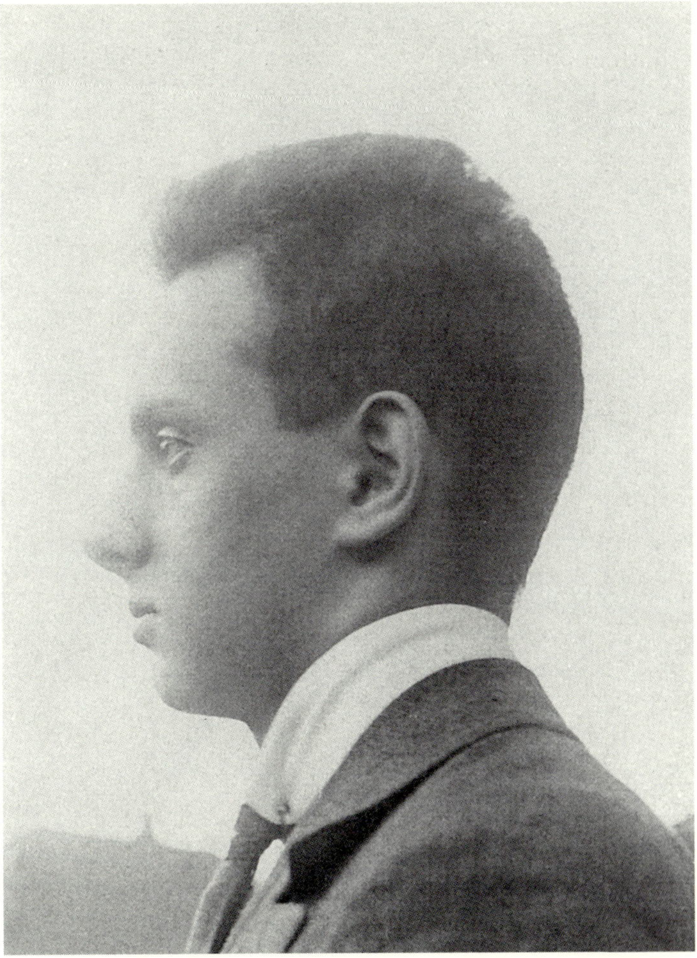

Werner Kraft, ca. 1916/17 in Hannover.

Werner Krafts Mutter Elsa, geb. Isenstein (1868–1922).

Werner Krafts Vater Eduard (1855–1916).

Paul Kraft, Vetter Werner Krafts, Lyriker, gestorben 1922.

deutschen Kulturnationalismus durch George mich verbunden fühlte und vor allem durch Borchardt, dessen Rede »Der Krieg und die deutsche Selbsteinkehr« am 5.12.1914 in Heidelberg gehalten wurde und eben dort 1915 erschien. Ich lag da und starrte in die Leere, ich hatte einfach Angst, die Fenster waren offen, die warme Sommerluft strömte ins Zimmer, die Autos, die ich hupen hörte, fuhren alle in den Krieg. Ich durchschaute nichts, anders als Paul, er war viel sicherer in seinen Instinkten, bei gleicher Unwissenheit über alle Vorgänge, die zum Krieg geführt hatten, war sein Gefühl radikal dagegen. Er schrieb ein leidenschaftliches Gedicht gegen den Krieg, darin stand zu lesen: »Und die die letzten Lusterschütterungen / und Schmerzerschütterungen gleich gefühlt, / Die sind nun aufeinander losgesprungen / Und haben in den andern sich verwühlt / Und schreien: der ist gut und der gemein, / Der treu, doch jener schuf uns große Pein, / Die wir ihm nicht in Ewigkeit verzeihn, / Den hassen wir... O Haß, o ekles Wort, / Wärst du auf jeder Zunge doch verdorrt!« Und das Gedicht wurde sogar gedruckt, 1917 von Franz Pfemfert, in dem »Aktionsbuch«. Als das Heft der »Fackel« kam, von Karl Kraus, mit jener Rede in Wien, die mit den Worten begann: »In dieser großen Zeit, die ich noch gekannt habe, wie sie so klein war; die wieder klein werden wird, wenn ihr dazu noch Zeit bleibt« –: ich zögerte, Paul nicht. Als 1915 nach langer Pause das nächste Heft erschien, zögerte ich schon nicht mehr. Daneben begann das kleine Leben, ich trat in die Dresdner Bank in Hannover als Lehrling ein. Die Lehrlinge arbeiteten zuerst in der Buchhaltung. Man saß auf hohen Drehstühlen vor ungeheuren Kontobüchern, in die unendliche Zahlen einzutragen waren. Das war traurig genug, wenigstens für mich, für andere war es der Anfang zum Aufstieg. Am traurigsten war das Ende des Monats, wenn in den riesigen Zahlenkolonnen Fehler auftauchten, die sich dann Seiten über Seiten fortsetzten, Bandwürmer nannte man sie, sie mußten gefunden werden, bis tief in die Nacht hinein dauerte das Suchen.

Ich hielt es nur ein halbes Jahr aus, obwohl ein Verwandter der Direktor der Bank war, welcher mir bei entsprechender Bewährung einen mühelosen Aufstieg garantiert hätte, ich setzte gerade mit seiner Hilfe das Studium durch, ich ging nach Berlin. In der Bank erlebte ich den Tag der Kriegserklärung. Alles war in Aufruhr, und ich hatte den vielleicht falschen Eindruck, daß die allgemeine Aufregung auch ein erwünschter Anlaß war, die höchst ehrenhafte aber trotzdem ungeheure Langeweile der täglichen Arbeit zu durchbrechen. Der stellvertretende Direktor der Bank hieß Bollmann. Ich glaube, er war ein Sohn des damals in Hannover sehr populären Schauspielers, der mich im Spiel mit dem Schauspieler Albert Borée in Stücken wie »Robert und Bertram« oder »Mein Leopold« entzückt hatte. Möglich ist es auch, daß er mit dem Revolutionär Justus Bollmann aus Hoya an der Weser verwandt war, der Lafayette aus der Festung in Magdeburg befreite. Aber vom Revolutionär hatte er nichts. Er war ein noch jugendlicher, sehr eleganter, liebenswürdiger und energischer Mann, leer und leistungsfähig, auf Sammetpfoten gehend und autoritär. Auf dem Höhepunkt der Erregung war er plötzlich lautlos da und rief mit schneidender Stimme in den Saal: »Meine Damen und Herren, bewahren Sie eine eiserne Ruhe!« Und es wurde ruhig: scheu und gebückt schrieb man weiter. Auch dies war der Krieg. In Berlin hörten wir, Paul und ich, gemeinsam alles, was man hört, solange man noch nicht endgültig festgelegt ist. Wir hörten den Romanisten Heinrich Morf, den vornehmen friedensliebenden Schweizer, wir hörten Gustav Röthe, wir hörten Ernst Cassirer. Röthe, den Borchardt eine Urkraft nannte, für die ich noch nicht reif sei, hatte sicherlich Verdienste, unter ihnen nicht zuletzt das Verdienst, mitten im Krieg, eines vernichtenden Gutachtens über den Purismus, und doch hörte ich von eben diesem Röthe plötzlich im Kolleg, als er auf Varnhagen kam: »Unter uns, Varnhagen war doch ein Lump!« Ich wußte noch nicht viel von Varnhagen, aber das klang meinen Ohren sonderbar. Später erfuhr ich, daß Varnhagen bei manchen bedenklichen Eigenschaften auch ein Mann war, ein radikaler Demokrat nämlich, der auf Grund der nach seinem Tode erschienenen Tagebücher von der herrschenden Gesellschaft in Acht und Bann getan wurde, er war aus der Reihe getanzt, er hatte aus der Schule geplaudert. Es gab da auch einen Germanisten namens Schneider, der sagte im Kolleg: »Keiner von Ihnen wird wohl den ›Messias‹ zuende gelesen haben.« Er sah so aus. Wir hörten aber auch Max Herrmann, in dessen Empfangszimmer Georges Dante-Übertragungen in seiner faksimilierten Handschrift auf einem Tisch lagen, und beschäftigten uns in seinem Proseminar mit der Interpunktion in Lessings Dramen. Aber was kümmerten uns die Kollegs, die schlechten und selbst die guten! Wir lasen, lebten, liebten. Wir saßen in dem großartigen Rundsaal der Preußischen Staatsbibliothek. Wir tauschten Bücher über Bücher. Es gab auch Bücher, die man nicht erhielt, so das »Jahrbuch für sexuelle Zwischenstufen« von Magnus Hirschfeld, mit einem Aufsatz über George, und niemals später habe ich diesen Aufsatz, dessen Thematik gewiß merkwürdig war, gelesen. »Das kann ich Ihnen nicht geben«, sagte der sehr witzige Beamte in der Ausleihe, »sonst werde ich erschossen wie Robert Blum.« Einmal wollte ich das Pamphlet lesen, das im Anfang des Krieges Chesterton gegen die Deutschen geschrieben hatte. Auf Chesterton war ich durch Franz Blei aufmerksam geworden, der Stücke von ihm in seiner Zeitschrift »Hyperion« übersetzt hatte. »Ne, det können wir Ihnen nich jeben«, sagte der Abteilungsdirektor Krause, an den ich gewiesen war, »det is ja ne janz dolle Chose.« Selbst in dieser überaus harmlosen Einschränkung der akademischen Freiheit ging es noch zivilisiert zu, fünfundzwanzig Jahre später konnte man wegen einer ähnlichen Bestellung ins Lager kommen, falls nicht noch Schlimmeres geschah, und der edle Max Herrmann, der in den 30er Jahren den langen Weg zur Staatsbibliothek als Jude zu Fuß gehen mußte, durfte sich als Jude nicht setzen, nicht einmal wenn er an

Ort und Stelle Bücher einsah. Einmal las Alfred Wolfenstein, es muß 1915 gewesen sein, in einem kleinen Kreis Gedichte vor, vor allem Gedichte gegen den Krieg, und am Schluß eine Erzählung, die das Lysistrata-Motiv des Aristophanes variierte, die Frauen sollten sich, solange der Krieg daure, den Männern sperren. Starker Beifall, und ein Herr vor uns, der sichtlich so aussah wie ein Onkel des Dichters, stand auf, und in einem Ton von ungeheurer Unbeteiligtheit, die durch die Ergriffenheit gesteigert wurde, sagte er, was uns einem Lachkrampf nahebrachte, er sagte also: »Großartige Idee!« Wir waren aber auch, und ich nehme Jahre vorweg, 1919 oder 1920 bei einem Vortragsabend anwesend, den der Rat geistiger Arbeiter, so hieß das damals, veranstaltet hatte. Richard Hülsenbeck sagte dadaistische Schockverse, die tragische Emmy Hennings sprach Gedichte, darunter eines, in dem der Vers vorkam »Willy will das Messer wetzen«, die Vortragskünstlerin Rosi Langer, die damals in avancierten Kreisen beliebt war, sprach unter anderen Gedichte von dem im Kriege gefallenen jungen Dichter Alfred Lichtenstein. Da stand plötzlich Wolfenstein auf und rief: »Ich protestiere dagegen, wie hier die Gedichte meines gefallenen Freundes rezitiert werden.« Es gab einen Aufruhr. Rosi Langer wiegte sich triumphierend in den Hüften und höhnte: »Das also ist die geistige Elite von Berlin!« Aber sie hatte Unrecht. Die Art, wie sie diese Gedichte las, war scheußlich. Die ganze Veranstaltung im Namen der Jugend verhieß nichts Gutes. Wir lebten es leidenschaftlich mit, wir waren erschüttert. In dieser Zeit muß es gewesen sein, daß Paul einmal mit Beziehung auf Alfred Wolfensteins ersten Gedichtband »Die gottlosen Jahre« sagte: »Die gottlosen Jahre werden erst kommen.« Es war wie aus dem Schlaf gesprochen. Wir sprachen, endlos. Wir lasen einander vor, wir sangen die Gedichte, in jener kleinen Wohnung in der Fritschestraße in Charlottenburg, auf jenem Balkon. In den 50er Jahren war ich wieder da. Alles fremd, alles tot. Was mich da hinauftrieb, vermag ich kaum zu sagen. Ich klingelte, und eine junge Frau öffnete mir. Ich erklärte, wer ich war und woher ich kam und was ich wollte: nur einmal einen Blick in die Wohnung werfen und vom Balkon herabblicken. Das war sinnlos. Sie lehnte ängstlich ab. Hatte sie Angst vor mir? Ich ging. Es ist unmöglich, die Vergangenheit wiederherzustellen. Wir gingen ins Freie, wir waren auf der Pfaueninsel, wir ruderten auf dem Wannsee. Paul hat es besungen in einem Gedicht:

Die vage Sehnsucht, die ich in mir trage,
Verengt sich nun auf einen kleinen Kreis.
Wie alle lieben Bilder schwinden leis,
Bleibt nur zurück das Bild von einem Tage.

Nie beugt ein Herz sich unterm Zeitenschlage,
Das sich dem Göttlichen verbunden weiß.
So hilft mir nun die Sonne jenes Mais,
Den ich wie Gott in meinem Herzen trage.

O Wannseefahrt im Sommermorgenschein!
Du warst so zeitentrückt wie See und Baum.
Nie war Natur dem Menschen so verwandt.

Des Freundes Aug war wie die Sonne rein.
Der Wald lag selig wie im Menschentraum.
Die Nacht kam weich wie eine Mutterhand.

13

Mit Borchardt war das so. Es muß 1910 oder 1911 gewesen sein, daß mir, der ich alles las, der »Deutsche Almanach auf das Jahr 1907« von Julius Zeitler in die Hände fiel. Er enthielt von Borchardt die Gedichte »Pargoletta« und »Eine Ballade von Wind, Schlaf und Gesang«, dazu das Tagebuchblatt aus Worms. Die Gedichte machten tiefen Eindruck auf mich, besonders die Ballade, aber der Eindruck hätte auch weniger tief sein können und durch andere Eindrücke abgeschwächt, denn ich las noch alles und erst ganz langsam mit Wertakzenten, die das Gute vom Schlechten trennen. Es mußte etwas hinzukommen. Der Almanach enthielt ein Schriftenverzeichnis der Verlagsautoren. Da stand von Borchardt: Rede über Hofmannsthal. Und: Ein Gespräch über Formen und Platons Lysis Deutsch. Beide Titel sprachen meine Phantasie an. Dennoch überlegte ich. Ich hätte diese Bücher auch nicht kaufen können. Ich kaufte sie. Der Eindruck war entscheidend. Dieser große Stil des Rhetors, dem es um Wahrheit ging! Vieles in der Rede verstand ich noch gar nicht, und doch ging mir gerade das Nichtverstandene positiv ein. Das Apodiktische des Stils fing mich und schlug mich für Jahre in Bann, wenn auch allmählich nicht mehr ganz. Ich verschaffte mir alles, was es damals von Borchardt gab, alle Gedichte in der »Insel«, im »Hyperion«, in den »Süddeutschen Monatsheften«, in der Bremer »Güldenkammer«. Ich las »Das Buch Joram«, ich las die politischen Aufsätze in den »Süddeutschen Monatsheften« über den Kaiser, gegen den »Simplizissimus«, die anonymen Spectator Germanicus-Aufsätze gegen Italien und gegen die Erneuerung des Dreibunds, aber auch die kritischen Aufsätze über »Dante und deutscher Dante«, über »Deutsches Altertum«, wie auch »Intermezzo«, die Polemik gegen den George-Kreis, und auch das große Gedicht »Auf eine verwundete Schwalbe, die der Dichter fand«, dann Pindars neunte pythische Ode, wie Kyrene mit Ungetümen kämpft und Apollo dem Chiron zuruft: »Laß die schaurige Klause, Phyliride, – / Komm anstaunen, was sich ein Weib hier zutraut, / Und Gewalt, mit der sie die Untat durchsetzt, / Mit unbeugsamem Kopf aushaltend, und die junge erbitterte Seele / Über gemeiner Bedrängnis aufrecht: Nicht der Regen nicht der Sturm / Haucht ihr Schauer übers Herz! / Welcher Mensch hat das geboren?« Wie einzig ist hier Goethes pindarisierendes Gedicht »Wanderers Sturmlied« in den echten Pindar verwoben! Alles, alles las ich, gänzlich hingegeben, gänzlich unkritisch, aber eine Welt ging mir auf, eine Welt fing an, sich zu bilden, nebelhaft, falsch, schief, unendlich bereichernd. Wo nichts war, fing etwas an zu entstehen. Ich war dankbar, ich bin es noch heute. Ich kaufte das Jahrbuch »Hesperus« mit den ersten Dante-Übertragungen. »Nun bist es du, Virgilius und der Bronnen, / Dran solch Geström von Sprache sich erspeiste?« »Sondern, wo wir daheim und wie behaust, / Forscht er; mein holder Herr auf dies Gelüsten / ›Mantua‹ – und ganz den Geist in sich verklaust / Fuhr gen ihn auf von seinen alten Küsten, / Und sprach: ›Mantuanisch‹ Blut, Sordèl ich bins / Von deiner Stadt; und lagen Brust zu Brüsten.« Und am Ende seines Lebens hat der Dichter, aus der fürchterlichen Erfahrung seines letzten Erlebens, gesungen: »Zu Mantua in Banden / Winkt uns ein offnes Grab.« Da stand auch Pindars drittes pythisches Gedicht: »... sondern sie dehnte sich nach Fernem: / Mancher ist, dem gehts wie ihr, – / So verloren ist unter den Menschen / Kein Blut, wie das sich des Heimischen schämend / Nach auswärts lungert und jagt einen Schein und faßt ein Nichts.« Das war übersetzt und gleichzeitig in eigener Sache gedichtet. Und in eigener Sache ebenda war gedichtet die »Ode mit dem Granatapfel«, dieses hochherrliche Gedicht, und noch einmal in eigener Sache »Nach Betrachtung von Landschaftszeichnungen geschrieben«, jenes Gedicht, das offenbar ausging von einer Zeichnung seiner ersten Frau und welches diese, bevor sie als Jüdin in den unnennbaren Tod ging, in einem Gespräch mit Schröder als prophetisch bezeichnete: »Wo du noch sprachst: ›Ich will nur freier stehn‹ / Und drehst dich schon, wie sich Verstrickte drehn, / Und kämst du siebenmal den Straßen zu –: / Fluch wird ein Weg und diesen mußt du gehn!« Und in dem gleichen Buch stand die große Rezension von Georges »Siebentem Ring«, und *dann* kaufte ich den Gedichtband selbst und hatte einen *kritischen* Gesichtspunkt, der mich George nicht verfallen ließ wie so viele meiner Generation. Franz Blei schrieb in der Zeitschrift »Der lose Vogel«, deren Beiträge anonym erschienen, den Aufsatz »Ein Wort über Rudolf Borchardt«. Ich schrieb ihm einen langen Brief über den Dichter. In seinem Buch über Sternheim und das Theater zitierte er ohne Namensnennung aus diesem Brief. Dennoch wurde alles nicht leichter, sondern schwerer, Dunkel in Dunkel gepackt, kein Licht oder nur ein trügerisches, für Augenblicke. Derselbe Borchardt, den ich in einem Schulaufsatz über wahre und falsche Vaterlandsliebe gepriesen hatte, hatte schon in den Spectator Germanicus-Aufsätzen zum Kriege gedrängt, »und wenn tausendmal die Räder sich entzünden«, und hatte nicht Alfred Walter Heymel, der Borchardt nahestand, schon Jahre vor dem Kriege ein Sonett mit dem Verse geschlossen: »Wir sehnen uns, wir schreien nach dem Kriege«? Aber hatte ich nicht auch von Georg Heym das Gedicht »Der Krieg« gelesen, das *gegen* den Krieg gerichtet war und mit den Worten anfing: »Aufgestanden ist er, welcher lange schlief, / Aufgestanden unten aus Gewölben tief. / In der Dämmrung steht er, groß und unbekannt, / Und den Mond zerdrückt er in der schwarzen Hand?« Und mit den Worten schloß: »Daß er mit dem Brande weit die Nacht verdorr / Pech und Feuer träufelnd auf Gomorrh?« Ja, Gomorrha, das war ein großer Reim, ich genoß alles sprachlich, ja ja, groß und unbekannt, ich war völlig unwissend. Dann kam der Krieg selbst, und alles war anders.

14

Im Januar 1914 wurde mein Großvater achtzig Jahre alt. Die ganze Familie war versammelt, um diesen Tag festlich zu begehen. Der lange Tisch war feierlich gedeckt. Dabei war mein Großvater, wie das zweideutige Wort es will, zwar ein wohlhabender, aber kein reicher Mann. So lebten eben alle. Nicht alle. Wir selbst waren eher arm, aber wir wurden gestützt. Das Essen wurde aufgetragen. Der Heringssalat, mit Ei garniert, stand schon auf dem Tisch. Die Suppe! Der Kalbsbraten! Mein Großvater tranchierte. Der Wein! Freude auf allen Gesichtern! Mein Großvater, obwohl er gar nicht studiert hatte, sang plötzlich das Studentenlied »Im schwarzen Walfisch zu Askalon«, und daß sein Enkel dies niederschreibt nicht weit von diesem Ort in Israel, das hat weder er damals ahnen können noch irgendwer aus dieser frohen Tischgesellschaft. So unbegreiflich geht es in der Welt zu. Es war ein deutsches Studentenlied. Alle waren gerührt. Mein Vater weinte. Ich sinne dieser Entwicklung nach, als Jude. Dabei war mein Großvater ursprünglich ein gläubiger Jude gewesen und war auch gegen Ende seines Lebens immer noch jüdisch religiöser als seine fünf Kinder. Bis spät in die Nacht waren alle froh. Am nächsten Tag brach mein Großvater zusammen und starb. Es begann das Sterben in der Familie. Mein Vater starb 1916. Den Tod seines ältesten Sohnes, der bei ihm war, als er starb, hat er nicht mehr erlebt, er wäre an diesem Tode gestorben, sofort. Meine Mutter starb 1922. Bis zu ihrem Tode hat sie geglaubt, ihr ältester Sohn komme wieder. Er kam nicht wieder. Nur die letzte Nachricht war eingetroffen, daß er von einem Patrouillengang nicht zurückgekehrt sei, das war 1917. Wie war das nun in Wirklichkeit gewesen? Ich schweife ab. In den fünfziger Jahren verkehrte in dem Amt, in dem ich arbeitete, ein Herr Rothschild, welcher wegen seiner archäologischen Kenntnisse sehr geschätzt wurde. Ich hatte wenig mit ihm zu tun, aber einmal saßen wir zufällig allein im Zimmer, und es entspann sich eine eher gleichgültige Unterhaltung. Ich fragte ihn, wie lange er schon im Lande sei, und er sagte: seit vierzig Jahren. Diese Antwort überraschte mich sehr, und ich fragte weiter, dann habe er doch den Ersten Weltkrieg hier miterlebt, er bejahte es. Ich erzählte von meinem Bruder. Er fragte nach dem Namen, und dann sagte er: »Fritz Kraft? Jetzt muß ich mich hinsetzen, den habe ich sehr gut gekannt.« Er wußte sogar, wo er gefallen ist, nicht weit von Jerusalem. Ich war bewegt von dieser Aufklärung nach vierzig Jahren. In demselben Augenblick fiel mir wieder ein, daß mein Bruder in den begeisterten Briefen, die er damals nach Hause schrieb, auch von einem Herrn Rothschild in Haifa erzählte. Ich hatte damals all dies nicht mit der ausschließlichen Hingabe aufgenommen, die ihm zukam. Gewiß, meine Trauer war echt und aufrichtig und doch wie in einem Dämmerzustande erlebt, die eigene Jugend in ihrer aufstrebenden Richtung, der Druck der Weltzeit, der sie niederbeugte, taten das ihre, um meine Gefühle abzulenken. Ich war mir selbst verhüllt. Alles zerrte an mir: Borchardt mit seiner Kriegsbegeisterung, Karl Kraus mit seiner radikalen Absage an den Krieg, George, der in seinem Gedicht »Der Krieg« gleichzeitig dafür und dagegen war, Paul in seiner instinktiven Sicherheit, Theodor Lessing, der mir seine Haßgedichte vorlas gegen die deutschen Intellektuellen, die sich dem Krieg verschrieben hatten, vor allem gegen Thomas Mann. Nur Borchardt bezog er nicht in diesen Zusammenhang ein, dazu bewunderte er ihn zu tief und sogar als Menschen in all seiner positiven Negativität. Er erzählte mir, er sei einmal mit ihm durch Hannover gegangen, hingerissen von seiner Gabe, die Welt zu verschönern, es war ihm, als habe er die Stadt zum ersten Male gesehen, er habe aber auch, als dieser bei ihm wohnte, zu ihm gesagt, er werde alle Schränke verschließen, damit er ihn nicht plötzlich ausraube und verschwinde. Das war humoristisch gemeint, spielte aber an auf Borchardts amoralisches Wesen, welches er doch der tadellosen Moral eines Thomas Mann vorzog, so seltsam spielen die Sinngebungen, von welchen gerade Theodor Lessing alles wußte. Auch er zerrte an mir. Ratlos war ich, lebendig in meiner Tiefe, lebendig in meiner Höhe, von der ich immer wieder abstürzte, reich an Begeisterung, arm an Begeistung, an ordnendem Geist. Dann griff der Krieg in mein Leben ein. Im September 1915 wurde ich Soldat, in Hannover. Wieder begann etwas Neues.

15

Und dieses Neue war furchtbar! Ich kam in eine Einjährigengruppe und lebte mit diesen gleichaltrigen jungen Menschen in der Kaserne, später durfte ich zuhause wohnen, bei meinen Eltern. Der erste entsetzliche Eindruck war der, daß alle diese jungen Menschen wie auf ein gegebenes Stichwort, als sei eben dies der gute Ton, von dem keiner abweichen dürfe, um sich nicht hoffnungslos zu isolieren, sich verwandelten in eine Gesellschaft hemmungslos Verwahrloster, und hoffnungslos isolierte ich mich einfach dadurch, daß ich diesen Ton nicht fand. Ich war nicht besser als sie, aber ich verstummte. Dabei waren sie alle gute Jungen aus guten Häusern, mit denen von Mund zu Mund sich reden ließ, und einzelne von ihnen stehen mir noch heute lebendig vor Augen. Aber sie handelten unter Gruppenzwang. Das war nun das neue Leben, marschieren, schießen, schrubben, Gewehrreinigen, systematisch müde werden. Am Abend vor dem Schlafengehen stand jeder in sauberer Jacke vor seinem Spind, ein Schemel vor der Tür, plötzlich ging die Tür auf, der Schemel fiel hin, der Unteroffizier trat ins Zimmer, in den Lärm hinein machte einer die Meldung, alle standen stramm, tiefe Stille, er ging prüfend herum, ehe er uns für die Nacht entließ. Er war im Helm, und wenn ich an sein Gesicht denke, so ist es mir, daß so der Dschingis-Khan ausgesehen haben muß. Einmal griff er bei dieser Prüfung einen Jungen, er war ungewöhnlich zart und hieß noch dazu Storch, schwenkte ihn förmlich vor sich her und rief: »Na, du mit deiner Hühnerbrust!« Man fand gar nichts dabei, man lachte, aber ohne jede Methode war die verborgene Absicht natürlich die, uns an die Gewalt und den Ton der Gewalt zu gewöhnen. Wer sich daran gewöhnte, war geborgen, der Tod als Endziel gehörte nicht zum Bilde, wer sich nicht gewöhnte, hatte es sich selber zuzuschreiben. Bei den Schießübungen schloß ich während des Abdrückens fest die Augen. Das Gewehrreinigen bewältigte ich nicht. Das Gewehr auseinandernehmen, das war leicht, die Teile wieder zusammensetzen, unmöglich. Da war plötzlich einer da, der mir half. Er hieß Hubert Breitenbach. Wir sprachen miteinander, wir kamen uns näher. Die Gruppe hatte einen sympathischen Führer, er hieß Weber, er mochte mich gern. Das Gewehrreinigen war eine Stunde der Entspannung, es ging da lebhaft und vergnügt zu. Plötzlich wurde es still, wir merkten es gar nicht, so vertieft waren wir in unser Gespräch, Hubert und ich. Wir sahen auf: alle hörten zu und lachten. Es war ein gutmütiges Lachen, es war etwas wie Respekt vor dem Geist, halb unbewußt drückte er sich aus. Hubert wohnte dann bei meinen Eltern. Wovon wir sprachen? Von Borchardt, von Kraus, aber Borchardt stand im Vordergrunde. Das dauerte nicht lange. Hubert wurde zu einem anderen Truppenteil versetzt, er kam mir aus den Augen, ich selbst wurde nach einer nochmaligen Untersuchung nur für »innendienstverwendungsfähig« erklärt, ich war gesund aber von schmalem Körperbau, mein Herz pochte verstärkt, wenn ich erregt war, und erregt war ich bei jeder Untersuchung, ich wollte nicht in den Krieg, ich hatte Angst, und so sonderbar das ist, man glaubte mir, man war nachsichtig. Dabei hatte mir Borchardt durch Maria Blei, Franz Bleis Frau, sagen lassen, ich solle mir doch einmal, als eine Art von Heilung meiner Zerrissenheit, den Krieg aus der Nähe ansehen. Dieser heroische Vorschlag hatte sogar für mich, von diesem Manne kommend, eine Verlockung, und doch konnte ich mich nicht entschließen. Keine Spur davon, daß man meine Haltung mit meinem Judentum in Zusammenhang brachte, obwohl es auch hier in einer noch vergleichsweise harmlosen Form Antisemitismus gab. Es gab Juden, die sich durch Geld Vorteile zu verschaffen suchten. Man nahm das Geld, man soff mit ihnen, um sie nur mehr zu schleifen, wie man das nannte. Ich tat nichts dergleichen, ich hätte es überhaupt nicht vermocht, ich ließ alles gehen. Ich kam auf das Geschäftszimmer. Das war ein Druckposten, an den sich jeder mit Händen und Füßen geklammert hätte. Ich tat meine Arbeit, das war alles. Eines Tages brauchte der Feldwebel einen Soldaten, um dem Hauptmann eine wichtige Meldung zu überbringen. Alle wirklichen Soldaten waren auf Marsch, nur ich war übrig, mit Helm und Säbel, ich ging. Das Gefühl war ähnlich dem, als ich mit dreizehn Jahren bei meiner Bar Mizwa zum Mann erklärt und zur Tora aufgerufen wurde. In langen Hosen und mit einem steifen Hut auf dem Kopf ging ich zur Roten Reihe in der Altstadt, dort stand der Prachtbau der Synagoge, ich schämte mich sehr. Drinnen ging alles nach Wunsch, ich sagte den Abschnitt aus der Tora, die Frauen saßen oben, meine Mutter sah herab, mein Vater und mein Bruder waren mir nahe. Hier aber ging drinnen keineswegs alles nach Wunsch. Ich wurde ins Zimmer geführt, da lag am Eingang eine Perserbrücke, die mit der Tür ins Gehege kam, ich stolperte und torkelte ins Zimmer. Ich nahm die vorschriftsmäßige Haltung ein und machte meine Meldung. Der Hauptmann nahm sie freundlich entgegen. Am nächsten Tag erfuhr ich durch den Feldwebel, daß ich militärisch unmöglich sei. Das war eine Katastrophe. Ich nahm sie leicht. Kurze Zeit darauf wurde ich versetzt. Ich kam als Krankenwärter in ein großes Lazarett für Soldaten mit Kieferschüssen. Es war entsetzlich. Ich sah. Die niedrigsten Dienste hatte ich zu leisten, fegen, die Leibschüssel geben und nehmen. Eine adelige Dame tat nichts anderes und mit voller Hingabe. Sie war ganz oben, ich fühlte mich ganz unten. Das dauerte nicht lange, dann geschah etwas. Der Leiter der Apotheke hatte erfahren, daß ich Abiturient sei, er brauchte mich und forderte mich an. Da war ich nun also in der Apotheke gelandet und hatte zu arbeiten mit einem jungen Mann ohne Bildung, den ich in absehbarer Zeit zu ersetzen hatte, zur Strafe für sein lasterhaftes Leben sollte er ins Feld kommen, das erschien mir schon damals als höchst sonderbar. Nun stellte sich heraus, daß dieser junge Mann ohne die geringste Vorbildung die laufenden Rezepte für ein großes Lazarett völlig selbständig zusammenstellte, daß er unglaublich begabt war, die Arzneien zu mischen, und daß ich unglaublich unbegabt war, das gleiche zu tun. Ich sank jäh in der Achtung meines Vorgesetzten, er war bitterlich enttäuscht, ich konnte ihm seine Enttäuschung nachfühlen. Ich sehe mich Ölfässer auf einem Schubkarren durch die Herrenhäuser Allee fahren. Schließlich wurde ich abgeschoben. An einem strahlenden Sommertag kam ich mit zwei anderen Krankenwärtern in Ilten bei Hannover an. Ich sah freundliche Häuser im Grünen, aber es war die städtische Irrenanstalt. Eines dieser Häuser war eingerichtet als Lazarett für Kriegshysteriker und Kriegsneurotiker. Das war meine Wirkungsstätte für die nächsten zwei Jahre. Ich wurde freundlich aufgenommen. Der Feldwebel und die Unteroffiziere wohnten im Hause, sie waren weit weg von der Stadt, sie langweilten sich, jeder war willkommen, ich durch meine Bildung, ich brachte Abwechslung. Auf der Treppe sah ich durch ein Fenster –: auf einen vergitterten Platz, dort machten die Irren ihren täglichen Rundgang. Ich glaube, daß mit diesem Augenblick, mit diesem Blick der Augen meine befriedete Kindheit, meine befriedete Jugend endgültig zuende war. Wohl hatte ich die Irren-Gedichte von Georg Heym gelesen, wohl hatte ich einen Blick auf diese Dinge geworfen, es war nichts, dies war die Wirklichkeit, dies war die Krankheit der Welt, auf die ihre mörderische Gesundheit im geheimen bezogen war. Bei den Kranken, mit denen ich es nun selbst zu tun bekam, war es das gleiche, in abgeschwächter Form, ihnen war noch zu helfen, jenen nicht mehr. Sie kamen aus dem Felde, um sich in frischer Luft von psychischen Schocks zu erholen, sie hatten die Sprache verloren, sie zitterten am ganzen Körper. Damals hatte Karl Kraus geschrieben: »Grüßen sie einander oder greifen sie sich an die Stirn? Andere wieder schütteln die Köpfe.« Das waren die, die an Schütteltremor litten. Diese Kranken wurden auf einen Krankentisch gelegt, vier kräftige Männer, ich unter ihnen einer der schwächsten, hielten den Körper, und der Kranke wurde elektrisiert. Das schien barbarisch, aber es half. Der Schmerz war so groß, daß die Stimme wiederkam, daß das Schütteln nachließ. Ob die Wirkung von Dauer war, vermag ich nicht zu sagen. Es gab auch solche, die sich in hysterischen Krämpfen am Boden wanden. Der Arzt erklärte, wenn sie bei einem brennenden Feuer ständen, würden sie im Augenblick des Anfalls daneben fallen, der Epileptiker mitten hinein. Dazwischen gab es die puren Hysteriker und Neurotiker, traurige Wracks, die Luft war kaum zu atmen vor Sexualität, auch Homosexualität und Gemeinheit schlechthin, übrigens nicht nur bei den Kranken, sondern auch bei den Krankenwärtern und bei den Krankenschwestern. Das Bild war das einer kranken Gesellschaft im Zustand des Lebenshungers und der moralischen Verwilderung, die als Kriegsnatur eher erwünscht als verboten war. Wurde es zu toll, dann griff der Hauptmann ein und drohte mit dem Tollhaus. Ich höre noch das Ende einer Ansprache: »Wer jetzt noch einmal dabei ertappt wird, daß er den Urlaub überschreitet, der kommt entweder ins Zuchthaus oder ins Irrenhaus.« Das Irrenhaus lag nahe. Es ergänzte diese kranke Gesellschaft drohend. Ich litt unter dieser mir ungemäßen Gesellschaft, ich litt unter dem Krieg, ich litt unter meiner Jugend, aber ich lebte auch, wie ein trauriger Fisch im Wasser. Ich streifte während meiner freien Zeit einsam durch die Wälder, auch mein Lebenshunger war wach, ich stieß auf das verlotterte Bauernmädchen, das Ausschau hielt nach Soldaten, ich griff sie, aber sie stieß mich weg, ich tat es ohne Anmut.

Meine Einsamkeit war trostlos. Die Kranken der Anstalt, so weit sie nicht gefährlich waren, gingen frei herum, und mit manchen sprach ich. Auch sie litten. Sie klagten mir ihre eingebildeten Leiden und ihre wirklichen, und ich hatte hier und da den Eindruck, daß sie nicht notwendigerweise in einer Anstalt lebten, sondern daß sie von ihren Familien abgeschoben und abgeschrieben waren. Manche von ihnen leisteten noch irgendwelche praktische Arbeit. Da war einer, ein Kaufmann aus Hannover, der die Post besorgte und ein eigenes Zimmer hatte. Ich hatte bei ihm einen Stein im Brett, weil mich einmal Theodor Lessing besucht hatte, das imponierte ihm ungeheuer, vielleicht knüpfte er daran Pläne der Befreiung aus der Anstalt. Ich erinnere mich an einen Wintertag, es war an einem Sonntag Nachmittag, ich hatte keinen Urlaub, der Schnee lag meterhoch. Er zeigte mir einige Hefte mit Aufzeichnungen. Ich fand in einem Heft Seite über Seiten das gleiche harmlose Liebesgedicht »Jedem das Seine« von Mörike abgeschrieben, mit der Schlußstrophe: »Als wollt' er sagen: / Mein ist das Jäckchen, / Und was es decket, / Mein ist das Mädchen, / Und dein – der Knopf!« Ich fragte ihn, was das bedeute. Er sagte: »Wenn ich Ihnen das sagen sollte, dann müßte ich Ihnen meine ganze Philosophie erklären.« Diese Philosophie war vielleicht ein Liebeskummer, an dem die Krankheit ausgebrochen war, wer weiß. Ich hatte nicht genug an dieser Antwort und vergaß noch einmal, daß ich mit einem Kranken sprach, ich sah schwermütig durch das Fenster auf die Schneelandschaft und sagte gedankenlos: »Es muß doch schrecklich sein, hier Jahr um Jahr zu leben.« Und mußte hören: »Sie haben ganz Recht, man muß auch seine ganze Kraft zusammennehmen, um nicht wahnsinnig zu werden.« Diese schreckliche Logik eines kranken Geistes hat sich mir tief eingeprägt.

Zu dem Lazarett gehörte eine Durchgangsstation für Geisteskranke. Je nach dem Befund wurden sie in andere Anstalten überführt oder entlassen. Dort hatten die Krankenwärter Nachtwache. Es war fürchterlich. Ein junger Mensch war in der Folge von Typhus im Felde geisteskrank geworden: er hörte Stimmen und antwortete. Da war einer, der an Verfolgungswahn litt. Da war ein Zuhälter, ich habe nie in meinem Leben solche Verworfenheit gesehen und gehört. Aber auch unter den harmlosen Kranken des Lazaretts gab es die traurigsten Fälle. Ich sehe den heruntergekommenen Schauspieler, er hatte mich gern, denn ich nahm ihn ernst, während andere ihn verhöhnten. Er sprach von seinen Erfolgen, als Franz Moor hatte er zehn Hervorrufe gehabt. Er deklamierte auch, es war kläglich. Er hatte Hunger, dieser Hunger war die ironische Ergänzung des Lebenshungers. Wenige hatten zu essen, viele nicht. Es war der Steckrübenwinter. Es war nichts da als Steckrüben und halb verfaulte, widerlich süße Kartoffeln. Man aß in einem großen Speisesaal. Die Krankenwärter brachten das Essen in großen Kübeln aus der Küche, wo Geisteskranke die Arbeit machten. Einmal fand sich auf dem Grunde solch eines Kübels die Mütze eines Geisteskranken. Die Krankenwärter verteilten das Essen, sie hatten Macht. Nach dem Essen mußten sie die Tische reinigen. Das war eine unerwünschte Arbeit. Sie stellten Kranke an, die die Arbeit machten. Der Schauspieler arbeitete wie ein Wilder, um ein paar Kartoffeln mehr als Lohn zu erhalten. Er tat mir unendlich leid. Ich führte mit ihm Gespräche über Religion. Er lobte gerührt meine Vorurteilslosigkeit. Da war ein anderer. Er war schön und klug. Ich stürzte mich auf jeden in meiner Einsamkeit. Wir hatten lange Gespräche über alles. Es brauchte nur ein Name genannt zu werden, und er kannte den Menschen. So Liebknecht, so Rosa Luxemburg. Er erzählte von ihnen. Es war brennend interessant. Er kannte in der Umgegend die Bauern, bei denen es Eier zu kaufen gab. Er wußte alles, er wußte gar nichts, es gab keine Eier zu kaufen, ich wurde mißtrauisch. Endlich ergab sich, daß kein Wort von ihm auch nur einen Funken Wahrheit enthielt. Ich war empört und brach mit ihm. Ich sehe seinen unendlich traurigen Blick. Ich hätte es nicht tun sollen. Später erfuhr ich, daß er an Pseudologia phantastica litt. Ich hätte nach der Meinung des Arztes kein einziges Wort mit ihm reden dürfen, bereue aber nicht, daß ich es getan habe, auch die Lüge hat einen Funktionscharakter und kann belebender sein als tausend schäbige Wahrheiten, die schließlich auch nicht mehr waren als anziehend verkleidete Lügen, und der Oberarzt der Anstalt und auch des Lazaretts war unverschämt gesund, machte an jedem Tag seine große Visite und ging auf die Jagd. Er hieß seltsamerweise Stamm.

Von der Hilfeleistung bei den Kranken wurde ich bald befreit. Ich war zu schwach für diese Arbeit und kam in die Küche. Dort hatte ich Teller zu waschen, diese Fähigkeit brachte ich zur Vollendung, sie war sinnlos, hatte aber auch Vorteile. Meine Hauptaufgabe war, den Feldwebel, den Gewaltigen, von dem alles abhing, und die Unteroffiziere bei den Mahlzeiten zu bedienen. Das war in der Hauptsache alles, was ich zu tun hatte, dazwischen saß ich in meinem Zimmer und las. Ab und zu dröhnte die Stimme des Feldwebels durch das Haus, er rief mich und zeigte mir ein nicht ganz blankes Glas, vorwurfsvoll. Er war fett, eingebildet und dumm, aber auch gutmütig, er mochte mich auf seine Art gern, ab und zu, nach dem Essen, ließ er mich rufen, um mit mir Gespräche über Leben und Tod zu führen. Meine Mutter kam von Zeit zu Zeit und brachte ihm eine Kiste Zigarren als freundliches Präsent. Dazu verstand ich, da ich ohne Berechnung und ohne Hochmut war, seine Sympathie zu wecken, und er ging, wie man sagt, für mich durchs Feuer, wohin ich nicht wollte und niemand dort, das hatte ich bald heraus. Alle bis zum Hauptmann und bis zum Oberarzt saßen fest auf ihren Posten und kämpften für sie entschlossen. Es ging weiter. Das Lazarett war abhängig von einem Lazarett für Leichtverwundete in Lehrte. Dort lagen die reichen Bauernsöhne der Umgebung als harmlose Kranke, solange sie wollten, sie bestachen nicht, sie besorgten die Nahrung. Wurden Krankenwärter fürs Feld angefordert, so schob man die Anforderung nach Ilten ab, telephonisch. Das ging wie der Blitz. Einmal wurde mein Name genannt. Dieser Feldwebel hat mir vielleicht das Leben gerettet. Ich sah mich schon auf der Reise nach Warschau. Aber er sagte, ich käme nicht in Frage, ich stürbe ja schon unterwegs, so schwach sei ich. Dieser Feldwebel hing noch mit der Kultur zusammen, obwohl er selbst kulturlos war. Ich denke an Reisen in Richtung Warschau fünfundzwanzig Jahre später, um den moralischen Abstand zwischen zwei antimoralischen Epochen schaudernd zu ermessen. Es war schon alles vorhanden, und doch hing der Menschenmord noch an einem dünnen Faden mit der Kultur zusammen, er wurde dadurch nicht besser, aber ertragbarer. Als der Faden riß, machte sich das Verbrechen selbständig. Natürlich nannte der Feldwebel einen anderen Namen. Das war der Schatten im Bilde. Wo wäre er nicht! Schuld ist überall verteilt, ihr entgeht niemand, auch ich nicht. Rette sich wer kann, das war die verborgene Losung aller, der Krieg war längst zum Stellungskrieg geworden, meine Fähigkeit, die Zeitung zu lesen, war durch Karl Kraus geweckt worden, und als ich eines Tages las, daß Reims nicht mehr im Bereich unserer Operationsbasis liege, wußte ich Bescheid: es war etwas geschehen, was die ursprünglich wahren Siegesberichte des Generals von Stein Lügen strafte, es ging alles weiter und abwärts. Ich erlebte es aber nicht so eindeutig, sondern durcheinander, ich schwamm auf dem Lebensstrom meiner unwissenden Jugend, er trug mich hierhin und dorthin, empor und hinab. Von Hubert kam ein Brief, voll tiefer Neigung zu mir, bewegt von meinem Elternhaus, erschüttert von Borchardt. Von Borchardt selbst kam ein Brief aus Meiningen: »Haben Sie aufrichtigen Dank für die teilnehmende Anfrage, in der Ihre alte Anhänglichkeit mir vernehmlich wird. Ich bin allerdings durch ein Fieber, das ohne Typhus zu sein typhoiden Charakter hatte, aus dem Kriege gerissen worden, und durch besondere Umstände, die mir in schweren Tagen Wartung und Behandlung versagten, völlig von Kräften gekommen, so daß ich Funktion nach Funktion wieder aufbauen muß. Nun bin ich auf dem Wege der Besserung; es wird kein kurzer Weg sein, und auf Monate darf ich nicht daran denken, mich wieder zur kämpfenden Truppe zu schlagen. Es ist schwer zu sagen, ob ich es mehr zufrieden bin oder mehr bedaure. Warum ersteres, – müssen Sie aus den obigen Angaben zu erraten suchen. Aber die im Kampfgraben, achtzig Meter von der feindlichen Front verbrachten Monate gehören zu den seelenfriedlichsten meines Lebens, und nie kann mich die reine Erinnerung daran verlassen. Mehr als das kann ich darüber nicht sagen, nur hinzufügen, daß ich wiederholt aus schwerer Lebensgefahr wundersam gerettet worden bin, zuletzt kurze Zeit vor meiner Erkrankung, als eine Granate nicht zehn Schritt von mir voll auf der

Grabensohle zerbarst, ohne mir mehr zu tun, als mich kotbedeckt in den Eingang des nächsten Unterstandes zu werfen. Und so wäre ich weiter im Kriege vorwärts gegangen mit dem Gefühle ἀνδρί ἀγαθῷ κακόν οὐδὲν*, und der Sicherheit, meinen Pflichten erhalten werden zu *müssen*, wenn nicht mein Schicksal nun mich den Umständen, die solche Gedanken erzeugen, zu entheben vorgezogen hätte. Sie weiß ich gern in vergleichsweiser Ruhe und Sicherheit. Lassen Sie wieder von sich hören, und erheitern mir eine dieser langsamen Stunden.« Die Dankbarkeit für die Teilnahme, die dieser Brief aussprach, stärkte mich. Ich fühlte mich Borchardt unendlich unterlegen und beneidete ihn um diese Überlegenheit. Selbst der Krieg erschien mir in einem anderen Lichte als in dem anderen, in dem er mir schon damals erschien. Ich bewundere diesen Brief noch heute, aber ich lese ihn anders, wenn ich ihn mit dem vergleiche, den er zur gleichen Zeit aus Meiningen an Hofmannsthal geschrieben hat. Ihm zeigte er die Schwäche des Geistes unter dem Druck des Krieges und der Krankheit, mir die Stärke, als ein Beispiel. Und es ging ihm, bevor er durch den Einfluß seiner mächtigen Freunde nach Berlin in den Großen Generalstab kam, genauso schlecht wie mir, ja eigentlich schlechter, denn »geduzt«, wie es in jenem Briefe heißt, hatte mich niemand. Borchardts Gesinnung in dem Brief an mich halte ich für ehrlich. Trostloser war das Wort, das Theodor Lessing überliefert, der Krieg sei für ihn gerechtfertigt, weil er ihm bewiesen habe, daß er kein Feigling sei. Die heroischen Antriebe, die seine Seele in diesem Brief erfüllen, halte ich für echt, aber gegen die Welt, in der er sie durchsetzen wollte, verblendete er sich, zu seiner tiefen Qual, und von dieser Qual zeugen seine großen Gedichte. Wo diese Gedichte groß sind, hat sich nichts in meiner Bewunderung für diesen großen Dichter, in einem langen Leben nichts, gewandelt. Mit ganz anderer Gewalt

* Einem tapferen Mann geschieht kein Übel.

hat mich in jener Zeit Karl Kraus angesprochen, den ich nie persönlich kennengelernt habe, durch die Wahrheit seiner Satire, durch die kindliche Liebeskraft seiner rein lyrischen, seiner lyrisch reinen, seiner einzig schönen Gedichte. Ein Gedicht wie »Fahrt ins Fextal«, bis in den Traum verfolgte es mich, ich machte ein Gedicht, das ich »Traum« nannte, und diese Schlittenfahrt durch den »grünen« Wald des Traumes hatte nichts gemein mit jener durch das winterliche Engadin, war aber ohne sie nicht denkbar, ich habe dieses Gedicht, eines meiner frühesten, in »Figur der Hoffnung« aufgenommen, gleichgültig, wie gut oder schlecht es sei. Ich lebte eine Zeitlang in dem Glauben, daß der Dichter Karl Kraus zu groß sei für den Satiriker, und ich wagte sogar, es ihm zu schreiben. Auf diesen Brief erhielt ich mit Recht keine Antwort. Der Satiriker erlöste sich in dem Dichter, der den Satiriker nicht aufhob. Das erkannte ich aber erst später, als mit dem deutschen Zusammenbruch und dem Erscheinen der »Letzten Tage der Menschheit« auch mir alles klar wurde.

16

Wie allein war ich! Was drang alles von innen und außen auf mich ein! Mein Bruder war im Feld, Ernst war im Feld, sein Bruder, junge Menschen guten Willens, Ungezählte mit ihnen. Und wie viele von ihnen fielen! Man sah es dem Wort an, aber es setzte sich durch, noch im Fallen wurde der Tod nicht genannt. Auch Paul wurde Soldat. Er bekam einen Lungenspitzenkatarrh, man schickte ihn in ein Erholungsheim in Fohrde in der Mark, ich fuhr dorthin, um ihn noch einmal zu sehen, bevor er ins Feld kam. Es waren drei unvergeßliche Tage. Er wurde geheilt, er war nicht ausgeheilt, man schickte ihn dennoch ins Feld, er geriet in französische Gefangenschaft, da litt er und dichtete herzergreifend schön:

Wir wissen all, was Heimat ist
Nach so viel Leid
Und wie du voller Wonne bist,
Vergangenheit.

Wir wissen all, daß einst ein Glück
Uns traumhaft schwand,
Und halten all in uns zurück
Sein Unterpfand.

Was tausendfach Begriff zerspellt,
Es lebt und blüht.
Das ärmste Herz, in das es fällt,
Ist dran erglüht.

Es ruft den Sommernachmittag
Von einst herbei,
Und was so lang in Banden lag,
Weint sich nun frei.

Nach dem, was jeden Heimat dünkt,
Schaut jeder aus.
Der guten Sonne Allmacht bringt
Ihn schnell nachhaus.

Der höchsten Freude hellste Glut
Ist ihm erlaubt.
Dem Guten wird die Welt nun gut.
Er hofft und glaubt.

Er kam nach Hause, strahlend von Gesundheit. Ein deutscher Jude war es, der sagte: Wir wissen all, was Heimat ist. Dann brach die Krankheit aus, und er schwand dahin.

Ich fuhr nach Jena, mitten im Winter. Dort war Gerhard Scholem in dem jugendlichen Reichtum seines jüdischen Wissens und

Lernens, seines Wissens und Lernens überhaupt der natürliche Mittelpunkt eines ganzen Kreises von anfangenden jüdischen Menschen. Zu diesem Kreise gehörte zeitweise Agnon, auch Johannes R. Becher, der damals noch Expressionist war und endlos lange Gedichte vorgetragen haben soll. Ich habe ihn nicht in Jena aber einmal in Berlin gesehen, nach dem Krieg, als ich im Café des Westens eine Begegnung mit Kurt Hiller hatte, er tauchte kurz auf und verschwand, er machte menschlich einen guten Eindruck auf mich. Ich stand am Rande dieses Kreises, und doch ist indirekt von ihm mein ganzes späteres Leben ausgegangen. Ich lernte Toni Halle kennen, später ihre Schwester Erna, sie wurde meine Frau. Toni hat hier unter Scholems Einfluß angefangen, Hebräisch zu lernen, und hat nach glänzend bestandenem Staatsexamen zur Trauer ihres Vaters die Anstellung an einer Schule abgelehnt, um ihre hebräischen Studien fortzusetzen. Es gab endlose Gespräche, ich sagte endlos Gedichte, es gab Schlittenfahrten, es gab eine Nachtwanderung von Weimar nach Jena zu vieren oder fünfen. Katherina Gentz, ein deutsches Mädchen mit einem unvergeßbaren Gesicht, ging nicht mit auf diese Wanderung, drückte mir aber beim Abschied in Weimar ein Ei in die Hand, das war ein Einfall, den nur diese merkwürdige Frau haben konnte. Ich habe sie später nicht wiedergesehen, aber nie vergessen. Gerhard Scholem, der auch Mathematik studierte, war sehr stolz darauf, in einem Hause zu wohnen, in dem Novalis gewohnt hatte, und er zitierte dessen Wort, daß Mathematik die Sprache der Götter sei. Es war alles umwerfend, und wirklich stand ich noch immer ziemlich schwankend da. Und 1917 fuhr ich nach Berlin und sah Borchardt zum ersten Mal. Er hatte versucht, mich für den Kulturbund deutscher Gelehrter und Künstler »redomieren« zu lassen, wie er mir in einem langen Telegramm mitteilte. Dieses Telegramm enthielt auch die Aufforderung, einen Propagandaaufsatz für seine zweite Kriegsrede »Der Krieg und die deutsche Verantwortung« zu schreiben. Ich schrieb ihn, gedruckt im Berliner Tageblatt wurde ein Aufsatz von Hofmannsthal, mit Recht, und doch war der meine feuriger. Borchardts Einfluß war wohl geringer als er zugab, obwohl er seiner umfangreichen Sprachkenntnisse wegen im Großen Generalstab arbeitete. Dort holte ich ihn ab. Mein Eindruck war tief: eine zusammengefaßte mittelgroße Gestalt, schwarze Haare, volltönende Stimme, große, nicht zu beschreibende Augen. Energie und Trotz beherrschten das ganze Gesicht. Wir verließen das große Haus. Im Vorbeigehen zeigte er gelassen auf den Namen an einer Tür –: Ludendorff! Ich war ganz gewiß schon gegen ihn, die Friedensresolution des Reichstags war bereits verkündet, hinter ihr stand Erzberger, und doch hatte Borchardt die Macht des Augenblicks, mich dies und die Lage als ganze vergessen zu machen. Er war für mich gefährlich und auch schon nicht mehr. Aber er hat niemals versucht, magisch auf mich einzuwirken, wie George auf die jungen Menschen seines Lebenskreises eingewirkt hat. Er wollte mein Bestes, nur ich wollte dieses Beste noch nicht, ich war unsicher und erhoffte von den Menschen, die nur darauf warteten, daß ich selbst in Erscheinung träte als der, der ich hätte sein sollen, ich erhoffte von ihnen einfach zuviel. Wir gingen durch den Tiergarten. Er erklärte mir sein briefliches Schweigen mit der unglücklichsten Zeit seines Lebens. Ich wußte darüber von Maria Blei. Er sagte mythisch großartige und schreckliche Dinge über den Krieg. Er sagte, er habe die Zwangsidee, Erzberger zu ermorden. Diese Art des Redens fing also damals an, und Erzberger *wurde* ermordet, und Rathenau *wurde* ermordet, und Maximilian Harden starb an den Folgen eines Versuchs, ihn zu ermorden, bis wir 1933 in das Zeitalter des nackten Mordes eintraten. Zwar war Erzberger eine fünfdeutige Gestalt, und doch gingen die Friedensaussichten, von denen mir Borchardt kurz vorher geschrieben hatte, um mich zu trösten, auf ihn zurück, und der sie sabotierte, das war der Reichskanzler Michaelis, eine menschliche und geistige Null, die Macht genug hatte, Deutschlands Zusammenbruch systematisch vorzubereiten. Wir saßen im Café Josty am Postdamer Platz. Ich hatte ihm eine Elegie auf den Tod meines Vaters geschickt, er fand sie ganz durchgefühlt, aber bis zum Linkischen ungelenk, und dann sagte er plötzlich vor sich hin, um mir eine Ahnung zu geben von dem, was ich nicht erreicht hatte, und sagte es vor mich hin: »Kehren die Kraniche wieder zu dir? und suchen zu deinen / Ufern wieder die Schiffe den Lauf? umathmen erwünschte / Lüfte dir die beruhigte Flut? und sonnet der Delphin, / Aus der Tiefe gelockt, am neuen Lichte den Rücken? / Blüht Ionien, ist es die Zeit?« Es war der Anfang des »Archipelagus« von Hölderlin, er las wunderbar. Ich habe nie mehr eine Stimme gehört, die so von selbst tönte, so völlig ohne Anstrengung, eine Stimme, die so aus der Mitte des Leibes kam und im Sprechen uncharakterisierend war, während Karl Kraus seine Stimme in jede Tonart zwischen Shakespeare, Goethe, Claudius und Nestroy charakterisierend *verwandeln* konnte, und doch konnte Borchardts Stimme rein von der Sprache her zu dramatischer Wucht sich steigern. Darum hat Karl Kraus gerade beim Vortrag der Goetheschen Pandora versagt, er sprach dramatisch und ließ das Drama nicht aus der Sprache entstehen. Wir gingen zu Borchardts Wohnung am Karlsbad, jener vornehmen Straße des alten Westens, wo ich später so oft gewesen bin, weil dort Menschen wohnten, die mir nahestanden, und die nun nicht mehr da ist, weg, sie war still, und mündete in das Zentrum der Großstadt, in das Brausen des Alltags, das Warenhaus Wertheim, der schöne Bau von Messer, war nicht weit, und nun ist dieses ganze Zentrum still, Grenze der Zone, Altertum. Das Zimmer war weit und hell. Ein großer Schreibtisch, wenig Bücher, eine Goethe-Ausgabe. Die Unterhaltung als ganze ist mir entgangen. Er bat mich, ihm ein Gedicht zu sagen. Ich sagte ihm das Gedicht »Traum«, und er rief spontan: »Aber das ist ja eine Komposition!« Das war ein Lob. Dann kam die Rede auf Hofmannsthal, und er sagte das Gedicht »Dein Antlitz war mit Träumen ganz beladen«. Es war unglaublich, ich hatte es nie so gehört, in diesem ganz einfachen Sprechstil, mir war, als hätte ich es gar nicht gekannt. Dennoch wagte ich etwas später zu sagen, mein Gefühl für den heutigen Hofmannsthal sei kühler geworden. Da fiel das Wort: »Meines ja auch, und doch ist er noch immer der einzige halb göttliche Mensch, der heute lebt.« Ich war erschüttert, denn solche Rede war mir von George her bekannt, aber so war sie hier nicht gemeint, das ahnte ich sofort, nicht der Mensch wurde zum Halbgott, sondern der Halbgott zum Menschen. Er lud mich zum Abend ein, wenn ich Lust hätte, es kämen einige Menschen, auch Schröder würde da sein und Musik machen. Wenn ich Lust hätte! Ich flog ja innerlich, ich war einundzwanzig Jahre alt. Dann trat Karoline Ehrmann ins Zimmer, eine ernste Frau, und wir tranken Tee. Ich werde es nie erfahren, aber sei es daß sie mich für zu jung hielt, sei es daß ich nicht entsprechend angezogen war, sie nahm ihn später, als er mich zur Tür geleitete, beiseite, und Borchardt zog in der freundlichsten Weise seine Einladung zurück, ich aber hatte es gar nicht bemerkt, daß man das eigentlich nicht kann, so voll war ich von dem Erlebten, ich stürzte beglückt fort. Borchardt schreibt am 11.4.1917 an Hofmannsthal: »Rudi verbrachte noch zwei gute Tage mit uns und war wieder von der hoffnungsvollen Heiterkeit, Ruhe und Kraft, die er für meine Augen erst in diesen Kriegsjahren gewonnen hat. Auch gab ich ihm eine Soirée von 12 Personen, die Bewirtung kriegsmäßig auf eine Tasse Tee und einen Teller Kuchen beschränkt, auf der zwar keine rothaarige Fürstin sich das Innere der Hand küssen ließ, es aber doch soweit soiréemäßig, nach deutschen Begriffen, zuging. Er spielte, die kleine Nichte sang wie eine wilde Lerche, und die Leute, die ich miteinander zusammengebracht hatte, plauderten freundlich. Die Wohnung ist für recht viele Menschen gemacht, und das Weiß und die gerafften Stoffe ein schöner Hintergrund für Gruppen und Figuren.« Das war's! Ich paßte wirklich nicht dahin und hätte doch Schröder gern gesehen, den ich dann erst als sehr alten Mann kennengelernt habe, als Borchardt längst tot war.

Hier in Berlin sah ich Hubert wieder, und es knüpfte sich endgültig unsere Freundschaft. Auch er war Borchardt nahegetreten und konnte die hinreißendsten Geschichten von ihm erzählen. Hier sah ich Friedrich Podszus, der noch jünger war als wir, er war ganz von Friedrich Wolters erfüllt, und doch hat er sich gegen Hitler aufs edelste bewährt. Ich betrauere seinen Tod.

17

Noch einer zerrte an mir, mit reinstem Willen, das war Walter Benjamin. Ich habe diesen Menschen gekannt am Beginn seines Lebens und des meinen, ich habe ihn gekannt in der Neige seines Lebens, als das meine, gerettet von physischer Vernichtung, sich der Raserei der Welt kraft des Geistes mühsam zu entwinden suchte. Er taucht vor mir auf an jenem Abend im Charlottenburger Siedlungsheim im Jahre 1915, als eine begrenzte Zahl jüngerer und ganz junger Menschen für und gegen den Sinn der Geschichte, über und gegen den Krieg diskutierte. Über den Sinn der Geschichte hatte Kurt Hiller eine Woche vorher gesprochen, er war an diesem Abend nicht anwesend, sein Vertreter war Rudolf Kayser. Gerhard Scholem war da, Paul war da, Hans Blüher und manche andere. Auch Dora Benjamin, die sehr schöne! Es wurde viel geredet. Manches ging durcheinander. Die Grenze zwischen der Bejahung und der Verneinung der Geschichte und des Krieges war noch flüssig. Die Unklarheit wurde durch die Klarheit verstärkt, die Klarheit durch die Unklarheit geschwächt. Da stand ein mir unbekannter Mensch auf, eben er, und hielt eine Rede, sie glühte von innerem Feuer, meine Ohren empfanden sie als revolutionär. Er sprach über das Leben der Studenten. Ich selbst stand plötzlich auf und hörte zu meiner grenzenlosen Überraschung mich eine flammende Rede »gegen den Geist« halten. Was ich sagte, war unausgesprochen gegen Hans Blüher gerichtet, der vom »Geist«

und vom »Gestalter mit dem Weltblick« gesprochen hatte, das war wohl George; was ich sagte, war die Polemik Schopenhauers gegen Hegel noch einmal, gänzlich unautorisiert, es war ein kindliches Gestammel, es war nichts. Aber es wirkte. Nach diesem Abend bahnte sich meine Bekanntschaft mit Benjamin an, später die mit Scholem.

Benjamin war dreiundzwanzig Jahre alt, ich neunzehn. Der Unterschied des Alters war wirksam. Er hatte eben eine doppelte Krise erfahren: mit Gustav Wyneken hatte er gebrochen; sein Freund, der Dichter Friedrich Heinle, hatte sich das Leben genommen. Er richtete sich auf ein strenges Leben des Geistes ein. Auf der Fahrt zum Studium in München besuchte er mich in Hannover. Es war im Frühjahr 1916. Er wohnte eine Nacht bei meinen Eltern. Wir saßen im schönen Park von Herrenhausen an einem schönen Nachmittag. Ich sagte ihm Jugendgedichte von Borchardt, auch Gedichte von Karl Kraus, sie waren in der Fackel erschienen. Beides war ihm neu, vor allem Borchardt. Er hörte zu. Es ist sehr möglich, daß er es nur im Zusammenhang mit mir hörte, denn er hat bald darauf versucht, mich von ihm abzubringen, mit subjektivem Recht und doch vergebens. Das war wohl der tiefste Grund dafür, daß es im Anfang der zwanziger Jahre zum Abbruch unserer Beziehungen kam. Mich traf es. Ja, er hat sogar versucht, mich von Karl Kraus abzubringen, von dem Autor der »Letzten Tage der Menschheit«. Seine Ästhetik, wie schroff sie auch später marxistisch wurde, war noch schroff für die Kantsche Autonomie des Kunstwerks. Brecht war noch nicht erschienen. Später fuhr Benjamin nach Bern, wo er ganz in der Romantik aufging und seine Dissertation über die romantische Idee der Kunstkritik vorbereitete. Eine Kassette mit seinen gesamten Manuskripten gab er mir über den Krieg hin in Verwahrung, es ist wohl heute alles verloren, darunter seine Tagebücher aus dem Landerziehungsheim Haubinda. Er schenkte mir seine Arbeit über Hölderlins Ode »Blödigkeit« und die über »die Sprache des

Menschen und Sprache überhaupt«. Dora Benjamin schickte mir eine Maschinenabschrift von Borchardts »Villa«, sie hatte sie für mich geschrieben und schön gebunden, auch schrieb sie mir von Zeit zu Zeit teilnehmende liebevolle Briefe in einer klaren Stilschrift. Briefe überhaupt gingen hin und her. Daß alle diese Briefe verloren sind, ausgenommen einer über Stifter, ist beklagenswert, sie wären eine echte Quelle gewesen für das Ringen geistiger Jugend von damals. Meine Briefe waren im Gefühl echt, in der Sache noch unreif. Jeder Brief von ihm war für mich ein Ereignis. Nur an weniges blieb mir die Erinnerung.

Er schrieb mir über Friedrich Schlegel, er schenkte mir die Originalausgabe seiner Gedichte von 1809, er gab mir eine neue Idee von Poesie, er wies mich auf Hölderlins späte Pindar-Kommentare »Untreue der Weisheit« hin, die in der von Alexander von Bernus herausgegebenen Zeitschrift »Das Reich« erschienen waren und für sein Verständnis Hölderlins von entscheidender Bedeutung wurde. Er schrieb mir über Baudelaire als Allegoriker und über seine Trauer kaum anders als er über diese Trauer in »Zentralpark« geschrieben hat. Ich hatte einige Gedichte von Baudelaire übersetzt, unter ihnen »Le Revenant«. Den Einfall, die Verse: »Et des caresses de serpent / Autour d'une fosse rampant« zu übersetzen: »Schlang mit Schlangen Schmiegekosen, / Wie sie um die Gräber glosen« hat er gebilligt. In einem großen Brief setzte er sich mit Gundolfs »Goethe« auseinander und der Idee der »Kugel«, die diesem Buch zugrundeliegt, er nahm Gundolf negativ ernst und war noch weit entfernt von der späteren vereinfachten Gesamtablehnung. Er schrieb mir über Georges Gedicht »Der Krieg« ablehnend, und doch war da auch ein Satz, der dem Sinne nach lautete: wenn es auch Wahnsinn sei, so sei es doch auch mehr als Wahnsinn, heute noch unerkennbar. Um meinem Denken eine eigene Richtung zu geben, schlug er mir eine Arbeit über die »Elektra« des Sophokles und Shakespeares »Hamlet« vor. Er empfahl mir zur Lektüre Calderons »Standhaften Prinzen«, was schon mit seinen Ideen über das »Trauerspiel« zusammenhing. Molières »Don Juan« und die lateinischen Briefe des Petrarca. Er schrieb mir über die »Spätrömische Kunstindustrie« von Aloys Riegl, ein Buch, dessen große kunsttheoretische Bedeutung ich damals noch nicht erkannte. Auch über Robert Walser schrieb er, von dem ich unter Bleis Einfluß alles gelesen hatte, aber mehr das Kuriose aufnahm als das Tiefe. Auf jeden Fall war sein Urteil noch nicht positiv wie in seinem späteren Aufsatz, er lobte zwar, sprach aber auch von dem »bodenlosen Produktionsmechanismus«. Er zitierte aus der bedeutenden Vorrede des »Faust« von F. Marlow(-Wolfram), dem verschollenen Dichter aus der Zeit des Jungen Deutschland, und vielleicht war es dies, was er zitierte: »Aber der *Gedanke* muß siegen, sagt jener stille, große, tiefe Denker, dessen Gebein im Sande des Oranienburger Friedhofs bleicht, neben der Asche seines Bruders Fichte. Der Gedanke *muß* siegen – und dabei bleiben *wir*, und in diesem Glauben leben und sterben wir. Wer nicht *mit* ihm ist, mit dem deutschen Gedanken, der ist freilich *wider* ihn; aber den Geist zu dämpfen vermag niemand. Darum ist es wohl traurig zu bedenken, daß die deutsche Dichtung ihr Alles wieder zu erringen hat, aber auch trostreich, zu wissen, daß der Kampf, durch welchen das errungen wird, schon sich zu rüsten beginnt. Die deutsche Poesie wird wiederfinden, was sie verloren: ihre *Welt*, ihre reiche, volle, schöne, keimende, blühende Erdenwelt, ihre *Natur* und ihre *Gottheit*.« Benjamin schrieb mir über Borchardts Jugendgedichte, ich hatte sie ihm zu lesen gegeben, in einer Abschrift des Privatdrucks, den mir der Dichter aus Italien für kurze Zeit geschickt hatte, und sein Eindruck war noch nicht so negativ wie später, obwohl dieser negative Eindruck ihn auch dann nicht hinderte, in der »Literarischen Welt« eine höchst lobende Besprechung des »Deutschen in der Landschaft« zu veröffentlichen, er spürte eben die Kraft in dem Mann. Meinen eigenen Gedichten stimmte er nur zögernd zu. Aber einmal war er sehr berührt von einem Gedicht, das als ganzes wohl eher nichts war, und doch müssen ihn zwei Zeilen darin angesprochen haben: »Ich habe keine Gemeinschaft mit den Juden, / Die ohne Anfang verzweifeln.« Das war höchst mißverständlich ausgedrückt. Ich wollte aber nicht von *allen* Juden sprechen, sondern von *den* Juden, die schon, bevor sie sich an ihn gewagt haben, an diesem Anfangsversuch verzweifeln, Juden zu sein oder zu werden.

Wir sahen uns wieder, nach dem Kriege, in Berlin, in der schönen Wohnung seiner Eltern im Grunewald, das Haus in der Delbrückstraße ist nun zerstört. Ein Kind spielte auf dem Teppich, die Mutter nahm es aus dem Zimmer. Ich sehe das Zimmer mit der großartigen Bibliothek. Er zeigt mir seine seltenen Bücher, die Originalausgabe des Balzac, über Hofmannsthal sprach er zum ersten Male positiv, eben sein Aufsatz über Balzac hatte ihn getroffen. Er zeigte mir Böhlendorfs Drama »Fernando oder die Kunstweihe« und bezeichnete die beiden von Hölderlin in dem Brief an Böhlendorf zitierten Verse »Ein enger Weg führt in ein dunkles Tal, / Dahin hat ihn Verräterei gezwungen«, als die einzigen in dem Drama, die gut seien. In »Wort und Gedanke« habe ich über diese Verse und ihre Bedeutung für Hölderlin geschrieben. Er zeigte mir die Erstausgabe des »Ugolino« von Gerstenberg, den er besonders schätzte, was wiederum mit dem »Trauerspiel« zusammenhing, er zeigte mir das Buch mit allen Zeichen des Entsetzens, denn der Buchbinder hatte den breiten Rand beschnitten. Er wollte der »Tafel« Georges »Ugolino« im »Siebenten Ring« eine Schätzung Gerstenbergs entnehmen und erschrak beinahe, als ich dieser seltsamen Verblendung meinen Zweifel entgegenhielt. Er zeigte mir seine Kinderbücher. Er las mir einen außerordentlichen Aufsatz über Gryphius vor, von dem ich nichts behalten habe und welcher nun auch verloren ist. Er fragte mich, ob ich ein ungereimtes Sonett von Gryphius kannte. Ich mußte diese Frage verneinen, bin aber viele Jahre später auf dieses überaus merkwürdige Gedicht gestoßen, es ist nicht von Andreas, sondern von Christian Gryphius, des Andreas Sohn, in einem Riesenband von Geburts- und Todesgedichten wahrscheinlich das einzige Gedicht, ich habe es in meine Anthologie »Wiederfinden« aufgenommen. Er las mir Gedichte von Georg Heym vor, so das »Infernalische Abendmahl«, er las aus seinen Baudelaire-Übersetzungen. Der Anfang von »Paysage«: »Je veux, pour composer chastement mes églogues, / Coucher auprès du ciel, comme les astrologues«, dieses: »Ich will, um der Eklogen Feuer keusch zu läutern, / Schlafen dem Himmel nah, gleich Sternendeutern« klingt mir bis heute herrlich nach. Als Ganzes konnte ich diese Übersetzungen, abgesehen von der tiefsinnigen Vorrede, leider nicht billigen und habe ihm das später auch gesagt. Sie haben keine eigene Sprache. Er hat geschwiegen. Vielleicht dachte er daran, daß Hofmannsthal in einem Brief an Florens Christian Rang genau das gleiche gesagt hat, davon konnte ich freilich damals nichts wissen. Er las mir vor allem aus den Gedichten von Friedrich Heinle vor. Die Tatsache selbst zeugte von besonderem Vertrauen. Da er ekstatisch las, verstand ich nicht und habe auch keine konkrete Erinnerung an die Gedichte bewahrt. Nur den Schluß des einen habe ich behalten: »Jeder ehrliche Kadett / Wird vom Pferde grüßen.« Als ich ihn bat, mir eines der Gedichte zum Nachlesen zu geben, lehnte er meine Bitte ab. Noch heute verstehe ich diese Ablehnung nicht. Fürchtete er, daß ich das Gedicht sofort auswendig können würde? Das war damals immerhin möglich. Weit eher war alles, was mit diesem Freunde zusammenhing, eine Art von kultischem Geheimnis. Darum vielleicht ist dieser Dichter heute verschollen. In der von Benjamin geplanten und dann gescheiterten Zeitschrift »Angelus Novus« sollte eine Auswahl erscheinen. Hofmannsthal hat die Gedichte mit der größten Spannung gelesen und nicht gefunden, was er in ihnen suchte. Hat seine große Urteilskraft vor Gedichten hier versagt? Hatte er Recht? Wir wissen es nicht. Benjamin las mir auch eigene Sonette vor. Der Schluß des einen auf seine Frau: »Steil ins Ant-

Werner Kraft mit Frau Erna, geb. Halle,
und dem 1923 geborenen Sohn Paul Caspar, wahrscheinlich in Leipzig 1924.

Vorne links: Werner Kraft; rechts unten: Ernst Blumenthal; hinten links: Hans Cohen; rechts hinten: Fritz Blumenthal. Wahrscheinlich 1915.

Werner Kraft als Bibliothekar in Hannover, ca. 1928.

litz aller Zeit / Dies Sonett sei dir geweiht« klingt mir noch in den Ohren. Er hatte eine große Gabe des Schenkens. Darauf hat Adorno hingewiesen. Einmal fand ich beim Abendessen in meine Serviette eingewickelt die Originalausgabe von Grillparzers »Der Traum ein Leben«. Und doch war eines Tages alles aus!

Ich sah ihn wieder im Jahr des Schreckens, 1933, in Paris in der Bibliothèque Nationale, und schrieb ihm. Wir waren beide gewandelt, gewandelt worden. Die Vergangenheit lag die tausend Jahre zurück, auf die Hitler sich einrichtete, das Leben war geistig und leiblich auf ein Minimum eingeschränkt. Alles war tiefer Ernst, ausweglos, aber auch reif zum Beginnen. Keine Ästhetik mehr, alles Gesellschaft und Politik. Dies sollte eine neue Ästhetik begründen, und doch ging die alte Ästhetik in die neue über, es schien keinen Bruch zu geben, und wenn es doch einen gab, so kam er von der unauflösbaren Antinomie, daß wir sind, was die Gewalten aus uns machen, und wir selbst dazu. Das Buch »Deutsche Menschen«, das er mir schenkte, bezeichnet genau die Mitte zwischen Vergangenheit und Zukunft. Das war 1936, als ich längst in Jerusalem war und noch einmal für drei Monate in Paris. In der Bibliothèque Nationale schrieb ich 1933 meine Arbeit über Hofmannsthal und Bassompierre, die dann in der »Revue de littérature comparée« deutsch erschien. Wir sahen uns fast täglich, Zettel wanderten von Tisch zu Tisch. Einmal legte ich ihm ein Gedicht auf den Tisch, in dem ihm der Vers »Die Töter, die ins Horn des Heiles tuten« sehr gefallen hat. Wir sahen uns auch im Café, wir gingen durch die Straßen. Bei einem solchen Gang sprach er von Gedichten, daß er nur alle zehn Jahre ein neues aufnehme, das letzte Mal sei es »Als der erste Schnee fiel« von Göckingh gewesen. Karl Kraus hatte in den zwanziger Jahren Gedichte von Göckingh in der Fackel wiederabgedruckt und öffentlich vorgelesen. In diesem Zusammenhang war es wohl, daß er die verschollene Dichterin Henriette Hardenberg lobend erwähnte. In einem kleinen Ausschank irgendwo fragte ich ihn nach Spengler, was er von ihm halte. Zwischen den Zähnen hervor kam die leise erbarmungslose Antwort: »Was soll ich von ihm halten? Ein trivialer Sauhund.« Das war bezeichnend, es stimmte aber schon damals nicht ganz: Spengler war, aus welchen Motiven immer, *gegen* Hitler und wahrscheinlich hat er sich das Leben genommen. In einem Münchener Hause hat er 1932 eine zweistündige Rede über Hitler gehalten, in der er ihn einen Fellachenhäuptling nannte und den Untergang Deutschlands vorhersagte. Unter den fünf Anwesenden war auch Egon Friedell. Dies alles konnte Benjamin nicht wissen. Gewiß war Spengler ein Verhängnis, und doch zeigt ein Photo in dem Almanach des Verlages Beck »Das Aquädukt« (1963) das ergreifende Bild eines *jugendlichen* Philosophen, das auch Benjamin ergriffen hätte. Ich brachte ihn zu Charles Du Bos, welcher ihn nicht kannte. In einem waghalsig sicheren Französisch fing er zu sprechen an. Er ging aus von einem Aufsatz über Stendhal aus den »Approximations« von Du Bos, kam auf Brecht, auf seine Reisen, auf persönliche Erlebnisse mit Frauen, was mich verwunderte, Du Bos aber aufs höchste interessierte, er sprach kaum, er hörte zu, er war hingerissen. Er bestätigte es mir, als ich ihn wiedersah, und fragte mich auch, wer Brecht sei: seine Neugier war geweckt. Einmal las Ernst Kamnitzer bei ihm Gedichte seines Sohnes, vor einem geladenen Publikum, auch Benjamin war da. Die Gedichte waren eher neutral, es zeugte aber für Du Bos und seinen Enthusiasmus für die deutsche Dichtung, daß er den Hörern in seiner Vorrede einen jugendlich originalen deutschen Dichter vorstellte. Ich zeigte Benjamin mein Kafka-Manuskript in seiner frühesten Fassung. Besonders die Deutungen von »Der neue Advokat« und »Ein Brudermord« machten so starken Eindruck auf ihn, daß er in seinem eigenen Kafka-Aufsatz auf beide eingegangen ist. Auch aus meinem ungedruckten Aufsatz über Kafkas Testament hat einiges bei ihm nachgewirkt. Als ich ihn übrigens fragte, woher er die tiefsinnige Potemkin-Anekdote habe, mit der sein Aufsatz beginnt, da war er nicht zu bewegen, mir die Quellen zu nennen, ich müsse das wissen. Die Anekdote ist von Puschkin. Er hüllte sich ins Geheimnis. Ich zeigte ihm auch meinen Aufsatz über drei Gedichte von Karl Kraus, der im »Brenner« erschienen war. Er lobte besonders, was ich über das Rätsel »Zwei Grade« geschrieben hatte, und war ablehnend nicht nur gegen den Aufsatz über Trakl von Werner Mayknecht in demselben Heft, sondern gegen Trakl selbst. Das war und ist mir sehr merkwürdig, wenn ich auch selbst glaube, daß der außerordentliche Dichter Georg Trakl *in* seiner Bedeutung überschätzt wird. Wir sprachen auch über französische Dichter. Montherlants Roman »Les jeunes filles« lehnte ich ab, er schien etwas darin zu finden. Als ich gegen Aragon sprach, zitierte er von ihm ergriffen eine Kindheitserinnerung, die beginnt: »Philatelie! Philatelie!« Auch ich war ergriffen. Und mit Nachdruck wies er mich auf Jouhandeau hin!

Wir besuchten ihn zu dreien, meine Pariser Freunde und ich, in seiner kleinen Wohnung. Mit Hermann Scheiner, der reich an italienischer Bildung war, sprach er hauptsächlich über Pareto. Voll Stolz zeigte er uns ein großes Plakat, auf dem ein Matrose zu sehen war, über und über tätowiert, er hatte es auf einer Reise erbeutet, in Kopenhagen. So war er, alles Entlegene, alles Primitive zog ihn unwiderstehlich an, es führte ins Innere. In das Innere seiner Person führte auch, daß er nebenbei aus irgend einem Grunde sagte, er wohne hier nicht allein, so daß man annehmen mußte, er wohne mit einer Frau zusammen. Zufällig habe ich viele Jahre später erfahren, daß diese Frau seine Schwester war. Er wob ein Geheimnis um sich. Ich sehe ihn, wie er in einen Zauberladen trat, um ein ausgesucht originelles Spielzeug zu kaufen. Ich höre ihn aber auch, wie er aus dem Geheimnis heraustrat. Es war wieder im Gespräch zu dreien, in seiner Wohnung. Er sprach im Zusammenhang mit Brecht über Ästhetik, als plötzlich dieser Dritte, der überraschend gekommen war, ein Kommunist, ihn schneidend unterbrach: »Finden Sie nicht auch, daß Brecht nur darum ein großer Dichter ist, weil es in unserem Interesse liegt, daß er ein großer Dichter ist?« Er bejahte die Frage. Das befremdete mich so stark, daß ich vorzeitig unter einem Vorwand ging, obwohl Benjamin hinter seinem Unrecht auch Recht hatte, denn es ging um das Problem, ob das ästhetische Urteil über ein Kunstwerk philosophisch stringent zu begründen sei. Jener Dritte, der ihm auf den Zahn fühlen wollte, hat wahrscheinlich mich für einen Fremdkörper im Raume gehalten. Benjamin hatte nicht nötig, sich hier so vereinfacht auszudrükken, die Schwierigkeit seiner Erörterung sprach dagegen. In einem Gespräch über Leo Schestow war er selbst von solcher schneidenden Abruptheit. Ich hatte gesagt, im Zentrum der Schestowschen Philosophie stehe die Verzweiflung. Darauf er: »Das ist ja der Grund, warum es nicht weitergeht. Im Zentrum der Philosophie steht der Klassenkampf.« Das war zwar nicht richtig, aber es war monumental. Die Gespräche mit Brecht in den dreißiger Jahren zeigen bei beiden Zweifel, nicht am Marxismus, sondern an der Praxis des Marxismus: Brecht ist bedingt gegen Stalin, Benjamin bedingt für Trotzki.

Hölderlin schreibt am Neujahrstage 1799 an seinen Bruder: »Kant ist der Moses unserer Nation, der sie aus der ägyptischen Erschlaffung in die freie, einsame Wüste seiner Spekulation führt, und der das energische Gesetz vom heiligen Berge bringt.« Mir ist es so, als wenn Benjamin mir diesen Satz in einem seiner Briefe einmal zitiert hat. Hermann Cohen, den er sehr hoch stellte, ist in seinem letzten Buch über Kant hinaus ins Judentum vorgestoßen, bis zu dem energischen Gesetz aus erster Hand. Benjamin war zuletzt durch Marx bestimmt, aber er hat weder Kant noch das Judentum je aus den Augen verloren. Einen mächtigen Brückenbogen zwischen dem Alten und dem Neuen, zwischen dem Neuen und dem Alten stellt er in seiner Person und in seinen Schriften dar. Wie heißt es in dem Trauergesang auf Euphorion? »Wem gelingt es? – Trübe Frage, / Der das Schicksal sich vermummt, / Wenn am unglückseligsten Tage / Blutend alles Volk verstummt.« Was folgt, muß beschwiegen werden. Der Kampf des Geistes geht weiter, ohne Walter Benjamin. Mit ihm! Ich setze meine Gespräche mit ihm fort, als wenn er lebte.

18

Die Zeit in Ilten ging zuende. Der alte Feldwebel ging, es kam ein neuer, der an mir kein besonderes Interesse hatte, eines Tages wurde ich kurzerhand versetzt, und wieder tauchte ich in dem Lazarett für Kieferkranke auf, in Herrenhausen, diesmal aber unter anderen Bedingungen. Ich meldete mich auf dem Geschäftszimmer, und obwohl es vollbesetzt war, entschied der Oberinspektor Hopfe, der Allgewaltige des sehr großen Krankenhauses, der an mir einen Narren gefressen hatte, daß ich eben hier arbeiten solle. Arbeit gab es zunächst für mich keine, und ich hatte nichts anderes zu tun als alte Briefumschläge umzudrehen und neu zusammenzukleben. Das konnte ich! Es war jämmerlich, aber ich trug es mit Humor. Dieser Oberinspektor Hopfe, ein guter Mann, hatte zwölf Jahre lang gedient und war Monarchist bis auf die Knochen. Er rauchte dicke Zigarren, führte großartige Reden und liebte die persönliche Tätigkeit nicht sonderlich. Immer aber hatte er jemanden, der für ihn die Arbeit machte. Und es gab viel Arbeit! Der sie machte, als ich dort eintrat, war ein junger Gefreiter. Er hieß Neumann. Ich habe ihn aufrichtig bewundert. Immer liebenswürdig, tat er alles wie im Spiel. So war er allen ungemein sympathisch, und weil die Tochter des Chefarztes dort arbeitete, auch dieser. Das fiel niemandem auf oder auch allen und nur mir nicht, denn eines schönen Tages geschah etwas. Mitten im Krieg brannte dieser sympathische junge Mann mit dieser sympathischen jungen Dame durch. Es war eine Sensation. Der Oberinspektor Hopfe war ein gebrochener Mann. Wer sollte die Arbeit tun? Er selbst kam nicht in

Frage. In diesen Jammer platzte ich nach einem kurzen Krankheitsurlaub hinein und stieg über Nacht zu napoleonischer Höhe, bereitete die unendlichen Abrechnungen vor, zahlte die Urlaubsgelder aus, tat vieles andere noch, und es ging. Es befriedigte mich sogar, denn ich leistete sinnvolle Arbeit. Herr Hopfe hütete mich wie seinen Augapfel, wenn ich zu Schaden käme, dann war alles aus. Das ging so bis zum Oktober 1918. Alles deutete auf Sturm. Um so weniger wurde gesprochen, es war im Grunde nicht mehr viel zu sagen. Ich fühlte eine gewisse Selbständigkeit. Eines Tages wurde doch etwas gesagt. Ein düsterer Herbstnachmittag, Halbdunkel, der Regen peitschte an das Fenster, Herr Oberinspektor Hopfe rauchte wie immer seine Zigarre, blickte trübsinnig hinaus, und plötzlich hörten meine Ohren: »Den Kaiser wollen sie ja nun auch haben, na, sollen sie ihn haben!« Ich hatte mich wohl verhört. Nein, ich hatte mich nicht verhört. Die Absetzung des Kaisers war einer der vierzehn Punkte Wilsons! Es war ein Elementarausbruch, das war der Sturm der Weltgeschichte, in einer gleichgültigen und auch wieder gar nicht gleichgültigen Person offenbar geworden. Da lief einer, und dann alle, dem Kaiser davon, ehe dieser ihm davonlief und dann allen. Nun ging es Schlag auf Schlag. Die Revolution brach aus, und bei den ersten Wahlen wählte Herr Oberinspektor Hopfe demokratisch. Es war nicht zu glauben, es war noch manches andere nicht zu glauben. Die Revolution ging weiter, auch die Arbeit, die Kranken waren noch da. Und doch war alles anders, auch ich, ohne es eigentlich zu merken. Schon schrie alles durcheinander. Man lobte, man schimpfte. Herr Oberinspektor Hopfe war sichtbar und hörbar erschüttert. Wie alles und alle! In dem Lazarett arbeitete seit Jahren ein Doktor Meyerhoff als gewöhnlicher Arzt. Er war kein gewöhnlicher Arzt, sondern ein bedeutender Spezialist für ägyptische Augenkrankheiten, der schon vor dem Krieg in Kairo gelebt hatte und nach dem Krieg nach Kairo zurückkehrte. Er hat später wegen seiner Forschungen auf dem Gebiete der arabischen Medizin den Ehrendoktor der Universität Bonn erhalten, er ist in Kairo gestorben und im Tode hoch geehrt worden, und der Oberrabbiner von Kairo sagte zu der Witwe: »Mais, Madame, Monsieur votre mari n'est pas mort, il est simplement absent.« Das hat mir sehr gefallen, es klingt wie von Valéry: »La vie est vaste, étant ivre d' absence, Et l' amertume est douce, et l'esprit clair.« Und dieser Doktor Meyerhoff hatte es dem Herrn Hopfe schon früh angetan, ohne daß er gewagt hätte, es laut zu sagen, aber jetzt sagte er es laut: »Doktor Meyerhoff hat schon vor drei Jahren gesagt, Deutschland kann den Krieg nicht gewinnen!« Das war im Zweiten Weltkrieg eine Äußerung, für die man hingerichtet werden konnte, wie es in der Tat geschehen ist, und zwar durch die Denunziation eines Mannes, der heute nach kurzer Flucht aus seinem Heimatort ganz vergnügt wieder seinem Beruf nachgeht, als sei nichts geschehen außer der Bagatelle einer Hinrichtung. Und schon meldete sich die Stimme, die eines Arztes übrigens, und rief: »Natürlich die Juden! Der Dolchstoß im Rükken!« Aber da hatte sich alles geändert, und ich erkannte mich nicht wieder, ich fuhr diesem Arzt über den Mund, daß er sofort still war, und Herr Hopfe nahm Partei –: für mich. Noch mehr hatte sich geändert. Die Tür ging auf, eintraten drei Krankenwärter, von denen einer noch einige Nächte vorher bei der Nachtwache dabei ertappt worden war, wie er einem Huhn den Hals umgedreht und es verspeist hatte, das war nicht schlimm, aber doch gegen die Spielregeln der strengen militärischen Zucht. Sie meldeten, daß sie zu Soldatenräten des Lazaretts ernannt seien. Sie wurden mit überströmender Freundlichkeit empfangen, alle Schriftstücke sollten ihnen zur Einsicht vorgelegt werden, nach einer Woche blieben sie aus. Reden wurden gehalten, vor den Kranken, der Stimmenfang begann. Im Januar 1919 verließ ich das Lazarett. Ich erhielt sogar ein Zeugnis. Es war glänzend. An Herrn Hopfe denke ich gern zurück.

19

Das neue Leben! Die Revolution begann. Sie scheiterte. Karl Liebknecht und Rosa Luxemburg wurden ermordet. Jemand in meiner Umgebung sagte in einer Gesellschaft, und war das Sprachrohr aller und nicht nur der Anwesenden, er sagte völlig ahnungslos und völlig überzeugt: »Der Tod Liebknechts und Rosa Luxemburgs hat auf die Börse geradezu belebend gewirkt.« Ich widersprach und stellte mich automatisch aus dem Zusammenhang der bürgerlichen Konvention heraus, ich war gezeichnet. Die neuen Fronten formierten sich, es kam –: das Alte. Und doch ging es in chaotisch undurchdringbarer Form auch aufwärts. In Wirklichkeit bereitete sich in dieser Aufwärtsbewegung der neue Untergang vor. Daß wir es anders sahen, war das Recht unserer Jugend. Ernst und sein Bruder kamen nach dem Kriege zurück, sie hatten Schwereres erlebt als ich und sprachen nicht viel davon. Paul war wieder da und konnte von den Franzosen, unter denen er als Gefangener gelebt hatte, nicht das Gute sagen, das zu sagen er gewünscht hätte. Ich ging zum Studium nach Freiburg, mit mir Toni und Erna. Diese zwei Semester, das war eine wunderbare Zeit, das war das neue Leben, ich machte die Augen und Ohren weit auf, alles strömte ein, die Stadt, das Münster, Günthersthal, »die klaren Rinnen rauschten hell«, die Landschaft, der Geist, in allen Sinnen fühlte ich Anfang. Wir lebten und lernten, wir hatten nicht viel Geld, die Nahrung war noch knapp, die Franzosen drohten, in Deutschland einzufallen, wenn der Friedensvertrag nicht unterschrieben würde, große Aufregung, die doch klein war, der Schwarzwald lockte im Sommer und im Winter gleich und auch die Universität. Meine Mutter schickte Pakete, wir teilten alles. Meine Wirtin schrieb an meine Mutter, ich hätte ein zu gutes Herz, dazu als Nachschrift, und ich habe es durch all die Zeit und Unzeit hin behalten, dies. »Meine Kleine ist jetzt im Wiesental, das ist das Land, wo Milch und Honig fließt, die ist nämlich so dürr.« Wir stiegen auf das Streckereck, auf den Schauinsland. Wir fuhren an den Titisee, wir fuhren an den Bodensee, es war eine ach wie harmlose Flucht vor den Franzosen, die dann doch nicht kamen, dort sang ich im Boot Borchardts Liebesgedicht »Das Entzücken«, daß es am Ufer hörbar war, Hedwig Scheiner, die zu uns stieß, war Ohrenzeuge. Die Germanistik war nicht so vertreten, daß sie mir echte Impulse gab. Ich glaubte das alles besser zu wissen, das war natürlich jugendlich und falsch, aber so war es, und auch die Romanistik sagte mir nicht Entscheidendes. Der neue und große Eindruck war die Philosophie. Ich hatte etwas Kant gelesen, dazu Nietzsche und Schopenhauer, diesen des schönen Stiles wegen, er war und ist wirklich so hohen Ranges, wie der Mensch Arthur Schopenhauer es nicht war, trotz seines bewunderungswürdigen Willens, das Brett zu bohren, wo es am dicksten ist. Hier tat sich mir nun die Philosophie als ganze auf, hier war etwas Grundsätzliches zu lernen, und ob mich das eigentlich anging, das war eine Frage, die ich überhaupt nicht stellte, es ging mich an. Der Mann, der da in schlichtem Ernst und mit überzeugender Leidenschaft des Geistes die Geschichte der Philosophie vortrug, indem er sie an seiner eigenen Philosophie, indem er sie an der Phänomenologie maß, der von der Mathesis universalis sprach, dieser Mann glaubte, was er sagte, und dieser Glaube übertrug sich auf mich. Es war Edmund Husserl. Was da gelehrt wurde, war nüchtern, aber diese Nüchternheit schmeckte, sie war nahrhaft, gutes Brot. Sie war für mich das erste Gegengewicht gegen die Poesie und führte auf höherer Stufe wieder zu ihr zurück. Dabei war Husserl nicht ohne Verbindung mit der Poesie seiner Zeit. Im Proseminar sprach er plötzlich von Hofmannsthal, von dem »Abenteurer und der Sängerin«, und bezog sich auf einen Briefwechsel mit dem Dichter. Auch dies war Ernst. Anderseits boten mir die »Ideen einer reinen Phänomenologie und phänomenologischen Philosophie«, die ich zu lesen versuchte, in ihrer radikalen Strenge des Denkens keine Hilfe in dem, was ich als Metaphysik zu verstehen glaubte, und gegen den berühmten Aufsatz im »Logos«, »Philosophie als strenge Wissenschaft«, den ich mit brennendem Interesse und auch verstehend las, lehnte ich mich auf, denn er verwarf jede Metyphysik als »Tiefe«, mit ungeheurer Schroffheit, nicht anders als Valéry es tat, den ich damals noch nicht kannte und welcher für Husserl wohl nichts bedeutete. Husserl verkündete mit Enthusiasmus, der Satz, daß zweimal zwei vier ist, gelte auch auf einem anderen Planeten. Er war nüchtern seiner Sache hingegeben und deutete die Sophisten als die erste Regung des philosophisch Neuen im Gegensatz zu der Philosophie der Vorsokratiker. Er sah nicht nach rechts und nach links, und doch drängte sich die Gegenwart auch in sein Denken: er sah nach rechts und nach links. Er unterbrach seine sachlichen Darlegungen gelegentlich mit rechten Bemerkungen, die gegen links gezielt waren. Er wetterte gegen die Irrlehren eines Nitzsche, so sprach er den Namen aus, er wetterte gegen Spengler, und auf allen Pulten der Studenten, die ihm zuhörten, lag der »Untergang des Abendlands«. Es war eine dramatische Situation: das Kommende deutete sich an. Husserl hatte Sprache, wenn er sprach, schlicht und einfach. Wenn er schrieb, versank die Sprache auf Nimmerwiedersehen, und übrig blieb nur ein System logisch verbundener Zeichen, man konnte sie lernen, man konnte darin nicht atmen, ich konnte es nicht. Auch wenn er sprach, war es so, daß die Sache sich vordrängte, aber zuweilen geschah etwas. Nie werde ich es vergessen, er sprach von »Gegenstand« als Begriff und wollte ein Beispiel geben. Da sagte er: »Denken Sie jetzt für einen Augenblick das liebliche Günthersthal –« Es war ein Aufatmen, es war Sprache, es war die ganze Sprache. Ich weiß nicht, wie viele es gehört haben, ich habe es gehört, wir hatten es gehört, es war herrlich. Darüber hätte ich ihm schreiben sollen, darüber war nichts zu sagen. Ich schrieb ihm aber mit dem Aufgebot all meines stilistischen Vermögens einen Brief über »Philosophie als strenge Wissenschaft« und gegen seine politischen Auffassungen. Er bat mich, ihn zu besuchen, und empfing mich überaus freundlich, aber die geheime Annahme meiner Autoreneitelkeit, als ich diesen Brief schrieb, er könnte durch die Richtigkeit meiner Argumente beeindruckt werden, und vielleicht waren sie sogar richtig, erwies sich als kindlich. Er ging einfach darüber hinweg, er erkundigte sich nach meinen Studien, gab Ratschläge und war auch gegen meine politischen Einwände, wie vorsichtig sie auch formuliert waren, in seiner Überzeugung unerschüttert. Sie lautete: »Die Arbeiter haben die nationale Front durchbrochen.« Das war der deutsche Nationalismus noch einmal und schon wieder, nicht anders als bei Borchardt, in dem mildesten seiner Vertreter. In seiner Sphäre in Freiburg lebte seine bedeutende Schülerin Edith Stein. Hans Jonas hat seinen Lehrer Husserl so charakterisiert: »Der einzigartige Charakter der philosophischen Sittlichkeit Husserls erklärt die große Begeisterung seines Erkenntniswillens und seiner Forderung nach Radikalität, auf die er immer wieder zurückkommt. Jene Radikalität, die er in seiner Lehre verlangte, erfüllte er selbst. Seine Hingabe an das Denken kannte keine Grenzen, nie habe ich einen Mann gesehen, der so wie er den Sachen selbst hingegeben gewesen wäre.« Das stimmt wortwörtlich, aber als es zu spät war, schrieb Husserl in einem Brief: »Wir alten Leute bleiben hier. Merkwürdige Wende der Zeiten! Sie gibt dem Philosophen – wenn sie ihm nicht den Atem benimmt – viel zu denken auf. Aber, Cogito, ergo sum – das heißt: Ich beweise mein Recht zu leben unter dem Gesichtspunkt der Ewigkeit. Und die Ewigkeit kann nicht durch irdische Mächte berührt werden.« Das ist erhaben. Aber das Schlimmste jener Zeit, wenn sie dem Denker nicht den Atem benahm, wurde ihm durch den natürlichen Tod erspart. Edith Stein wurde ermordet.

In einem kleineren Hörsaal lehrte ein anderer. Auch abgesehen von seiner Jugend war Heidegger das genaue Gegenteil seines Lehrers Husserl. Husserl sprach offen, Heidegger versenkt. Er sprach ohne Erhebung der Stimme, in Pausen, er übersetzte nicht wie Husserl das Gedachte in die entsprechenden Worte, sondern er gab den Denkakt selbst, als wenn es auf ihn mehr ankomme als auf das Gedachte, er dachte vor den Hörern und holte das Gedachte langsam aus seinem Inneren hervor. Das machte tiefen Eindruck auf uns. Er wirkte abstrakt, er wirkte asketisch. Da gab es nicht wie bei Husserl auch nur das geringste Abschweifen in die Politik, man hätte glauben können, daß das Denken dieses Mannes die Politik niemals auch nur eines flüchtigen Gedankens für würdig hielte. Vielleicht war das schon damals falsch, später wurde es skandalös anders, und weil nie öffentlich bereut, ist es in alle Ewigkeit unannehmbar. Natürlich regte sich ihm gegenüber der Widerspruch leichter, er hatte nicht Husserls Autorität, und man war jung und frech. Es gab da auch leise komische Züge, wenn etwa eine Gedankenkette, unendlich langsam vorgetragen und auf etwas Geheimnisvolles zielend, die Auflösung ergab: Eros. Im Proseminar, wo er Begriffsübungen abhielt, kam es zu grotesken Szenen. Er war überaus höflich, aber ohne Humor. Die Verbindung mit den Schülern war die Philosophie, nicht das natürliche Leben. Man suchte im Anschluß an Descartes gewisse Begriffe zu klären. Der Begriff »Enttäuschung« tauchte halb zufällig auf. Da konnte er die Frage stellen: »Haben gnädiges Fräulein schon einmal eine Enttäuschung erlebt?« Das rote Tuch waren die Marburger, vor deren neukantianischer Rückständigkeit man schaudernd das Haupt verhüllte. Es wurde die Frage gestellt, was man sehe, wenn man vor dem Freiburger Münster stehe. Die erwartete Antwort war: das Freiburger Münster, nicht den in der Wahrnehmung sichtbaren Teil des Münsters, denn diese hat eine Intention auf das ganze Münster. Das wird für den natürlichen Blick wohl stimmen, aber da meldete sich ein junger Marburger zum Wort und bestritt diesen Sachverhalt. Gefragt, was er denn sehe, gab er die überaus frappierende Antwort, er sehe –: Lichtstrahlen. Das war nun ein Skandal erster Ordnung. Er wurde mehrmals höflich verwarnt. Als er nun hartnäckig bei seiner Überzeugung blieb, wurde er aus dem Saal gewiesen. Er ging. Es entstand ein leiser Aufruhr. Ein Brief des Protestes wurde aufgesetzt gegen diese Verletzung der Meinungsfreiheit und abgeschickt. Heidegger hat dann diesen Protest wenigstens grundsätzlich anerkannt, war aber empört, daß Studenten im ersten Semester ihn mitunterschrieben hatten. Mit großem Recht! Das Ganze war ernst aber auch komisch. Der Marburger wurde dennoch nicht wieder zugelassen. Ich nahm auch an einem Proseminar über Ästhetik bei Jonas Cohn teil und verfaßte ein Referat über Otto Ludwig und seine merkwürdigen Äußerungen über sein eigenes Dichten. Hier fiel mir ein junger und schöner Mensch auf, der sich unglaublich selbstbewußt und arrogant äußerte. Jonas Cohn, ein gediegener wenn auch kaum originaler Philosoph, litt sichtlich unter Husserls geistiger Vorherrschaft an der Universität. Er war überaus vornehm und ertrug alles mit großer Würde. Der junge Mensch hieß Karl Löwith. Persönliche Beziehungen ergaben sich nicht. Einmal hörte ich Geyser, den offiziellen katholischen Philosophen, der vor einer riesigen Hörerzahl sprach. Er diktierte, alle Rücken beugten sich, alle Händen schrieben.

Meine Erinnerung an Heidegger ist die an einen ernsten Denker. Nichts deutete auf seine spätere Entwicklung hin. Diese war ja, selbst als »Sein und Zeit« erschien, noch nicht hörbar, wie immer problematisch das Buch in seiner Weiterentwicklung der Phänomenologie gewesen sein mag. Gelernt habe ich philosophisch nicht viel. Aber die moralische Qualität des philosophischen Fragens, hier, in Freiburg, habe ich sie gefunden, hier hat sie sich mir eingeprägt. Fragen läßt sich ohne Philosophie, antworten kaum. Die Antwort aus der echten Frage zu entwickeln, als den Weg, der zu ihr führen könnte, wenn die Bedingungen günstig sind, meistens sind sie ungünstig, ist immerhin möglich. Ich fing in diesen Jahren an zu dichten und zu schreiben. Es war alles vorläufig, nachahmend, gequält und qualvoll. Karl Kraus ahmte ich nach in meiner Verwerfung der Zeit, obwohl sie noch immer stark genug war, mich zu verwerfen. Borchardt ahmte ich nach. Schon sehr früh hatte ich zwei kleine Hefte vollgeschrieben. Das eine nannte ich »Vom Willen Gottes, den Geist zu verneinen«, das andere »Die Umkehr«. In beiden war ein

Punkt, der nicht nachgeahmt war, der wirklich von mir handelte, wenn auch das Unausdrückbare unausgedrückt war, eitel stilisiert. Beides hing auf sonderbare Weise mit Borchardts Übersetzung der »Germania« des Tacitus zusammen, die kurz vor dem Kriege als einer der ersten Drucke der Bremer Presse erschienen war. Ich las aber auch den ganzen Dostojewski, Tolstoi, die großen Hymnen von Hölderlin in der Hellingrathschen Ausgabe, ich las Goethe, Novalis, Friedrich Schlegel. Ein kleiner Aufsatz über »Die Erniedrigten und Beleidigten« von Dostojewski machte einen so tiefen Eindruck auf Toni, daß er rückwirkend wieder auf mich Eindruck machte. Ich hatte zum ersten Mal das Gefühl, ein Schriftsteller zu sein oder werden zu können. Den Aufsatz selbst habe ich verloren.

Die Zeit in Freiburg gehört zu der schönsten in meinem Leben. Als ich die wunderbare Stadt verließ, mag ich reifer geworden sein. Reif war ich nicht. Ich hatte einen Ausblick gewonnen. Ins Freie und Offene! Zugleich war alles schwerer. Der Himmel war blau, die Wolken waren schwarz. Ich wollte nichts werden, ich mußte.

20

Im Wintersemester studierten wir, Erna und ich, noch in Freiburg. Einmal fuhren wir für eine Woche nach München, um unsere Freunde zu besuchen. Auch der Personenzug kam schließlich an. Es war eine wunderschöne Reise. Aber im nächsten Jahr gingen wir nach Hamburg. Es war Welt, es war schön, man lernte, es war nicht mehr das. Die Zeit saß mir im Nacken. Wir waren bei Hamburger Großkaufleuten zum Abendessen eingeladen. Dreißig Personen an einem gewöhnlichen Tage! Der Tisch barst von Speisen. Draußen das Elend! Die Hausfrau klagte über die Streiks. Keine Autos zur Verfügung! Ich machte große Augen. Alle kamen aus

Italien oder fuhren nach Italien und nahmen als selbstverständlich an, daß auch ich –? Ich brach meine Studien ab und ging in Berlin auf die Bibliothekarschule für den mittleren Bibliotheksdienst, um mich für einen Brotberuf vorzubereiten. Wir wollten heiraten. Meine Schwägerin Else, selbst Bibliothekarin, half mir. Sie war einer der reinsten Menschen, die ich in meinem Leben kennengelernt habe. Sie löschte sich in vollkommener Unabhängigkeit selbst aus. Sie war still und heiter. Auf solchen Menschen ruht die Welt. Mein Schwiegervater Caspar Halle war Richter. Als liberaler deutscher Jude hatte er es abgelehnt, sich taufen zu lassen, um einer großen Laufbahn gewiß zu sein. In der Inflation lebte er von seiner Pension, ohne dem schwarzen Markt die kleinste Konzession zu machen. Er war makellos. Ich volontierte an der Staatsbibliothek, der Generaldirektor Milkau, eine imposante Amtspersönlichkeit, empfing mich stehend, nach zwei Minuten war ich entlassen. Ich volontierte an der Universitätsbibliothek. Einmal ließ mich der Direktor rufen, ich sollte ein offizielles Aktenstück unterschreiben, ich fragte nach dem Datum, er zeigte melancholisch mit leichtem Vorwurf auf den Kalender. Das war eine Frage zuviel und ergab ein Minus. Es machte nichts, ich war übermütig, die Arbeit machte mir Vergnügen. Ich volontierte in der Volksbibliothek in Schöneberg. Das waren schöne Monate, dort amtierte der Bibliothekar Heyne, ein schon alter Mann und ein vollkommenes Original von einem Menschen, wie aus ganz fernen Zeiten in diese Zeit hineinragend, die sich schon anschickte, die letzten Reste der überlieferten Kultur als Ballast über Bord zu werfen. Er mochte mich gern, es war eine persönliche Beziehung, wir sprachen frei miteinander. Er wohnte mit seinem Bruder zusammen und einer älteren Schwester, die den Haushalt führte, beide Brüder waren unverheiratet. Die Schwester starb, dann lebten die beiden Brüder weiter zusammen. Einmal war ich dort. Es war unbeschreiblich. Der Staub lag fingerdick auf. Katzen sprangen über Tische und Stühle. Er bemerkte es gar nicht. Ich kam in die Bibliothek mit einer Brotbüchse, ich wollte nach dem

Dienst einen Ausflug machen. Er beroch die Büchse und sagte verzückt: »Botanisieren –?« Er hielt die Büchse für eine Botanisiertrommel, er roch seine Jugend in ihrem Duft. Ich machte in einem Gespräch über Politik unbedacht eine linke Bemerkung. Ich sah erschreckt, daß er rechts war: er bebte am ganzen Körper. Ich habe es nie wieder getan. Ob er Hitler noch erlebt, und wie er sich dann verhalten hat, ich weiß es nicht, aber meine Erinnerung hat volles Vertrauen zu ihm. Borchardt zeigte das gleiche nationale Gefühl, und wenn er auch in ganz anderem Maße unter den Ereignissen litt als dieser schlichte einfache Mann, in dem Ausdruck seiner Empörung war er viel zügelloser, ja er gebrauchte gelegentlich Ausdrücke, die ich nicht wiedergebe, nicht um ihn zu schonen, sondern weil alles auf einen Lebenspunkt zurückging, wo er nicht unterscheiden konnte zwischen der aufbauenden Funktion der Geschichte, welcher seine großen schöpferischen und kritischen Gaben entsprangen, und der zerstörenden, der er verfiel. Er hatte echte geschichtliche Intuition für die Vergangenheit. So spricht er in dem Alkestis-Aufsatz von dem griechischen Wunder auf dem Hintergrunde der »trostlosen Geschichte des trostlosen Griechenvolkes«; in der Gegenwart war er verblendet.

Einmal gingen wir durch die Stadt, es muß in der Nähe der Tauentzienstraße gewesen sein, als ich plötzlich rief: »Da ist Borchardt!« Ich ließ meine Begleiterin einfach stehen, es war unerhört, und stürzte einem langsam sich in Bewegung setzenden Autobus nach. Er stand auf der Plattform, einen Blumenstrauß in der Hand, er konnte noch gerade abspringen. Mit einem Blick auf die junge Dame in nun schon weiterer Entfernung sagte er: »Das ist sie?« Ich konnte es freudig bejahen. Und dann sagte er: »Sie sind ja ein schöner junger Mensch geworden!« So wie er es sagte, glaubte ich es selbst. Es gibt Augenblicke, die man sein Leben lang nicht vergißt, gerade weil sie ganz vom Gefühl durchdrungen, ganz gedankenfern, ganz natürlicher Lebensausdruck sind. Nach Freiburg hatte er mir einen Brief geschrieben, daß er mich oft nicht sehen könne,

Gerhard (Gershom) Scholem (1897–1982), wanderte 1923 nach Palästina aus, seit 1933 Professor für jüdische Mystik an der Hebräischen Universität, als Mathematikstudent in Jena 1917/1918.

Stefan George (1868–1933).

Rudolf Borchardt (1877–1945).

Karl Kraus (1874–1936), politischer Schriftsteller und Dichter,
Herausgeber der »Fackel« (1899–1936).

weil die Nebel der Jugend mich ihm verhüllten, und meine Mutter, die mir den Brief nachgeschickt hatte, hatte hinten auf den Umschlag geschrieben, sie habe nicht alles lesen können, aber sie sehe, daß Borchardt mir wohl wolle. Ja, das wollte er wahrlich. Wir gingen in eine Konditorei. Ich erzählte von Freiburg, von Husserl, von Heidegger. Seine Reaktion war erstaunlich. Ich gebe sie nicht wieder. Er war ein großartiger und unglücklicher Mensch. Er wußte es wohl, aber er überstrahlte es. Er ging in keine der Geschichtsformen ein, über deren Kenntnis er souverän verfügte, nicht einmal in die deutsche, geschweige denn in die jüdische, er wollte von ihr nichts wissen, er hatte auch die geringste Ahnung von ihr, es sei denn die Urahnung, die prophetische. Ein Archivdirektor in Hannover, der vielleicht nie in seinem Leben ein Gedicht gelesen hatte und von Borchardt als Dichter sicherlich nichts wußte, erzählte mir, daß er in Italien ihn durch einen Zufall kennenlernte und ungeheuer erstaunt war über seine stupenden Kenntnisse auf dem Gebiet der italienischen Provinzialgeschichte. Ich kam zu ihm, er sagte wieder etwas Mythisch-Fürchterliches über den Krieg und auch dies, daß er neulich in einer Gesellschaft bei einer Unterhaltung über den Sozialismus fest eingeschlafen sei, er sagte aber auch, daß man nicht mehr wisse, was ein citizen, was ein citoyen, was ein Bürger im altdeutschen Sinne sei, und wie er es mit unterdrückter Verzweiflung mehr andeutete als sagte, glaubte ich zu hören, daß er es wußte. Dann las er mir die Einleitung des »Durant« vor mit der Stelle darin: »Er soll für jede Zückung / Seiner blausten Entrückung / Blindlings und fahler Augen / Einen Klumpen besaugen, / Mit Assel und mit Schabe / Verzwillingt, jede Gabe / Saugen der dunklen Amme.« Das war: er. Ich höre seine Stimme. Ich sehe seine Augen. Er las mir ein andermal das erste Gespräch der Jungfrau mit dem falschen Boten aus der »Verkündigung« vor, das ist der erste Teil der dramatischen Trilogie »Die Päpstin Jutta«, das Buch, das bald darauf erschien, war schon 1904 geschrieben, es warf mich um. Auf einer Matinée in Reinhardts Deutschem Theater las er von der Bühne her große Teile aus einem dramatischen Gedicht »Petra und das Tier« vor, es war wunderbar, und am nächsten Tag erzählte er mir, das Publikum habe sich gestritten, wer bei der Aufführung die Petra spielen solle, die Thimig oder die Orska, beide berühmte Schauspielerinnen der Epoche, aber es kam zu keiner Aufführung, das Drama ist nur als Bruchstück überliefert, der Drang, zuviel auf einmal zu machen, hat die einzig schöne Konzeption im schönsten Werden erstickt. Reinhardt führte im Großen Schauspielhaus den Julius Cäsar auf. Werner Krauss, der sich später mit Schande bedeckt hat, wie die hochbegabte Schauspielerin Luise Ullrich, beide spielten kurz vor dem Einbruch der großen Nacht höchst erschütternd in dem scheußlichen Blut-und-Boden-Reißer »Rauhnacht« von Richard Billinger, er spielte also den Cäsar, Moissi den Marc Anton. Am nächsten Tage war ich bei Borchardt, er ging im Zimmer herum, erregt und ganz außer sich vor Begeisterung, besonders über Werner Krauss, während er Moissi mißachtete, mit kaum anderen Gründen als Karl Kraus. Vor allem seinen Hamlet, auch im Großen Schauspielhaus, lehnte er radikal ab, schon die pagenhafte Gestalt, Hamlet müsse ein großer starker Mann sein, mit einem Vollbart, das machte auf mich starken Eindruck. Ich selbst fand ihn unzulänglich, aber in den Szenen mit Rosenkranz und Güldenstern vorzüglich in seiner satirisch überlegenen Liebenswürdigkeit, wie auch in Tolstois »Lebendem Leichnam«, während Helene Thimig als wahnsinnige Ophelia unendlich rührend war. Werner Krauss lobte er hymnisch als großen Darsteller des Cäsar, und auch mir war seine Rede stark in die Ohren geklungen, die Regie lobte er über alles, und Moissi? Ich besinne mich nicht mehr genau, aber sein Urteil muß negativ gewesen sein, denn in dem im »Tagebuch« erschienenen Aufsatz »Reinhardts Sieg« feierte er die Forum-Szene schauspielerisch-dramatisch, ohne den Darsteller des Marc Anton mit Namen zu nennen. In der gleichen Zeit, in der er Reinhardts Hauptdarsteller übersah, wollte er die »Verkündigung« bei ihm spielen lassen und bat Hofmannsthal um seine Vermittlung. Da steht in Hofmannsthals Antwort an Borchardts Frau der Satz: »Mir erscheint Borchardts so begreifliche qualvolle Ungeduld wie die eines Kajütengastes, der vor Hunger halb ohnmächtig immer wieder in die Küche hinunterschickt, was denn sein Beefsteak mache – ich bin aber in der Küche, die Küche brennt und man schneidet einander wechselweise die Hälse ab.« Da sieht man, wie anders ein überaus weltkundiger Mann, der doch auch Reinhardt aufs höchste verehrt, die gleiche Sache sieht, hinter seinem Rücken mit gradezu prophetischem Blick. Zur gleichen Zeit liest Karl Kraus in Berlin die großartige Szene aus Heinrich VI. vor, in der vor dem unglücklichen König auf dem Schlachtfeld ein Vater mit der Leiche seines Sohnes, ein Sohn mit der Leiche seines Vaters auftritt, und er macht die Vorbemerkung, er habe gelesen, daß im Julius Cäsar eine »Säulenhalle« mitspiele, die im Text gar nicht vorgesehen sei. Er ist ganz gegen Werner Krauss, gibt aber zu, daß dieser sich auch in gegliederter Rede auszudrücken vermöge, nur daß diese Rede Hohlheit töne und nicht Fülle. Borchardt lebte in einem Traum von dem großen deutschen Theater der Poesie mit Reinhardt im Mittelpunkte, aber isolierte sich hoffnungslos. Selbst Hofmannsthal gelang es nicht, den »Turm« in Berlin spielen zu lassen. Brecht, dessen »Baal« Hofmannsthal sofort als etwas Neues erkannte, spielte sich langsam in den Vordergrund, und Borchardt verhöhnte ihn öffentlich als »grüne« Literatur. Das glaubte nicht einmal Kerr, der die Hetze gegen Brecht einleitete, während Karl Kraus sich radikal für ihn einsetzte. Borchardt ist in dieser Entwicklung, die endlich zum Riesenerfolg der »Dreigroschenoper« führte, ohne jede Wirkung. Das bedeutet aber nicht, daß er in einem tieferen Sinne nicht auch mitspielte, er ist da, nur ist er nicht zur Stelle. Er hat die größten Pläne, die zu Teilverwirklichungen führen, gleichzeitig übersetzt er Dante, Pindar und Aeschylos und nimmt politisch eine derart intransigent falsche Stellung ein, daß er sich selbst ausschaltet.

Ich setze hierher einen Brief, der schon länger zurücklag: »Haben Sie aufrichtigsten Dank für Ihren Brief, dessen Darlegungen mir in hohem Grade achtbar sind, auch wo Sie mich verkennen, und, wie ich seit lange weiß, seit langem verkannt haben. Lesen Sie meine politischen Schriften genau und Sie werden für Ihre Meinung, ich hätte je die Macht zur Idee gemacht, nirgend Stützen finden. Sie alle sind voll der bittersten und drohendsten Warnungen vor diesem Wahne, sie alle stellen die Forderungen auf, die mit denen meines geistigen Werkes moralisch und ideell identisch sind. Ich habe diesem Wahne in Heidelberg, im Hochsturme des rohesten Volksrausches getrotzt, in Berlin vor einem Publikum der Machtbesessenen und Giererfüllten nur nachdrücklicher getrotzt, und immer den Sieg an die schöpferische und uneigennützige gestaltende Kraft geknüpft. – Daher gibt es für mich keinen Zusammenbruch meiner Gedankenwelt und kaum meiner Hoffnungen. Seit längst bin ich schweigend auf dem Rückzuge. Daß ich es bin, liegt daran, daß ich Ihren Irrtum über die Entscheidung des Krieges durch Technik nicht teilen kann. Es ist die moralische Unreife des deutschen Volkes im Verhältnis zu der ihm gestellten Aufgabe, die er vom Siege ausschließt. Alle technische Übermacht ist bald wieder totzustellen und zu überwiegen. Das deutsche Heer ist südlich der Marne und am 8. Aug. in Flandern nicht davongelaufen und übergelaufen, weil Tanks und Kanonen es zerdrückten, sondern weil es sich seiner Führerlosigkeit, Ziellosigkeit, Wesenlosigkeit bewußt wurde, und sich verraten und verkauft sah. Hätte es an sich geglaubt, so hätte es, wie so oft zuvor, nur das Unwesentliche eingebüßt. Dies Toben im leeren Raume steht längst gespenstisch vor meinen Augen. Und nur weil ich auch die Anderen kenne und ihre Wesenlosigkeit, setzte ich die Schwebe des Urteiles in mir durch. Macht habe ich nie als etwas anderes denn als die Waffen in Händen des Heiligen angesehen; sie ist, neben anderen, ein Instrument der Geschichte, um verhärtete Sedimente zu bezwingen. So benutzt sie, so verwirft sie Napoleon und Ludendorff. Anderseits vermögen mich die Gespenster des Tages nicht zu verwirren. Deutschland, sei es wie es wolle, ist in den Granit der Erde verankert und nicht wirklich zu beeinträchtigen. Schande und Ehre haben ihre Bedeutung verloren. Der Völkerbund ist eine kurzlebige Lüge für die Hirnlosigkeit des Tages.« Dieser Brief ist am 25.10.1918 geschrieben, also noch vor dem Ausbruch der Revolution am 9. November. Um so größer ist sein Zeugniswert. Es wird in ihm deutlich, wie Borchardt, der hier ganz ehrlich ist, in seinem mythischen Traum von der Macht auch der bedingten Verwerfung der Macht fähig ist, also der Preisgabe Napoleons und Ludendorffs, obwohl die Zeit nicht mehr fern ist, da er sie in Mussolini aufs neue bejaht, und dies ist vorgebildet in der Vorhersage von der Wirkungslosigkeit des Völkerbundes. Das ist keine politische Prophetie, sondern eine Äußerung, die an ihrem Teil half, die endgültige Wirkungslosigkeit des Völkerbundes herbeizuführen. Was er in dem italienischen Faschismus bejahte, war dennoch kaum dieser, sondern: eine reale Möglichkeit, auf dem Umwege über Mussolini die Monarchie wiederherzustellen. Er übersah, daß diese keine Aussichten mehr hatte, der italienische Faschismus alle und Hitler, wie sich eines Tages herausstellte, noch mehr. Ich habe dies alles damals zweifellos erst dunkel erkannt, aber ich habe es erkannt, und als ich den begeisterten Aufsatz von Carl Schmitt über Mussolinis Marsch auf Rom las, wußte ich Bescheid. Wie ich sicher bin, daß keiner von Borchardts Freunden ihm je die Wahrheit gesagt hat, so habe ich es einmal in einem Brief gewagt. Ich scheiterte vollständig. Das Einzelne habe ich vergessen, aber ich weiß noch, daß ich zu ihm kam und daß er mir sagte, ich hätte nicht die Konvention, ich hätte die Konvenienz verletzt. Hubert gegenüber stellte er fest, ich sei »verändert«, wobei dieser noch die naive Kühnheit hatte, ihm offen zu sagen, es wäre gar nicht so schlecht, wenn er sich nach mir richten würde...

21

Wir heirateten 1922. Die Hochzeit war feierlich. Die Festrede hielt Onkel Paul. Paul Stettiner hat sich in seiner Jugend taufen lassen. Mit dem Judentum verband ihn nichts mehr. Er wollte seinen pädagogischen Aufgaben im weitesten Sinne dienen und glaubte, es gehe nicht ohne die Taufe. Er hat als Stadtschulrat durch Jahrzehnte hin das kulturelle Leben in Königsberg beherrscht, er kannte keine anderen Ziele als deutsche, kein Zweifel schwächte seine Gedankenwelt und schon gar nicht seine Arbeitskraft, auch nicht als die junge Generation in Gestalt seiner Lieblingsnichte Toni sich dem Judentum und dem Zionismus zuwandte und er, wie immer, die Selbständigkeit der Entscheidung ehrte. Nach 1933 vereinsamte er. Undank ist der Welt Lohn. Man tat ihm nichts, man tat ihm alles. Als er den gelben Fleck tragen sollte, nahm er sich das Leben, an seinem achtzigsten Geburtstag. Ich denke an ihn, obwohl ich in allem anders dachte als er, mit hoher Achtung, ich ehre sein Leben, ich ehre seinen Tod. Bei der Hochzeit sprühte er von Leben und sprach mit Freundlichkeit und Feuer. Alle waren in der frohesten Stimmung. Meine Mutter freute sich. Ein Jahr später war sie tot. Wir fuhren nach Neuendorf auf Hiddensee. Es war herrlich einfach und schön. Goethe schreibt: »Liebes gewaschenes Seelchen ist der verliebteste Ausdruck auf Hiddensee.« Ich fand eine Anstellung als Bibliothekssekretär an der Deutschen Bücherei in Leipzig. Unser Sohn kam zur Welt. Alle Wohnungen beschlagnahmt. Ich kämpfte heroisch um zwei Zimmer. Sie sollten mir genommen werden. Ich kehrte als Sieger von einer Sitzung mit dem Innenminister und zwei Regierungsräten in Dresden zurück, ich wurde sehr bewundert. Das war eine phantastische Geschichte, die, ganz erzählt, das Chaos plastisch machen würde. Aber das führt zu weit und zu nah. Die Inflation wuchs riesengroß an. Einen Tag nach der Auszahlung war das Gehalt die Hälfte wert. Man stürzte weg, um Lebensmittel zu kaufen. Auch in der Bibliothek selbst machte sich die allgemeine Zerrüttung bemerkbar. Mein Kollege Kurt Fleischhack war ungemein tüchtig und ungemein sympathisch. Wir saßen uns gegenüber und sprachen nicht nur von der Arbeit, wir schätzten uns gegenseitig. Er ist nach 1945 bis zum Direktor der Deutschen Bücherei aufgestiegen. Eines Tages schob er mir einen Zettel zu, der Direktor sei »gegangen worden«. Es war ein echter Skandal, ich wußte von nichts. Eines anderen Tages ging eine Sekretärin, eine großgewachsene schöne blonde Frau, durch unser Zimmer und rief nebenbei eiskalt in den Raum hinein: »Rathenau ist ermordet.« Ich kannte diese Frau zu wenig, um aus ihrem Ton auf ihre Gesinnung schließen zu können, und doch traf es mich bis ins Herz und nicht nur die Sache selbst, sondern auch und vor allem der Ton. Die Republik leistete Widerstand, und doch war es aus, und doch ging alles weiter, als wenn nichts geschehen wäre. Ein uralter Mann aus Siebenbürgen, der große Viehgeschäfte mit deutschen Großgrundbesitzern machte, erzählte mir hier in Jerusalem, er sei zu dieser Zeit in Berlin gewesen. Es war in einem großen Restaurant, wo man zu einer offiziellen Feier versammelt war. Es kam die Nachricht von dem Mord. Die deutschen Herren stießen untereinander an. Ein Minister saß in der Nähe und sagte nichts. Auch die anwesenden Juden sagten nichts. Genau so war es! Das Leben in Leipzig war schön. Musik, wenn es nicht Melodien von Offenbach sind oder Lieder von Schubert oder Brahms, trifft mich nicht, aber die Inschrift auf dem Gewandhaus »Res severa verum gaudium« grub sich mir ein, und die Orgelkonzerte in der Thomaskirche haben mich doch getroffen. Das Rosental, dort in der Nähe wohnten wir, war im Sommer erfrischend. Der Beethoven von Klinger gefiel mir, Klingers Bilder fand ich überraschend schlecht, das Völkerschlachtdenkmal nicht viel besser. Der Brühl war eine Straße mit Kolorit. Die Juden hatten hier etwas aufgebaut, was in großem Maße der deutschen Wirtschaft zugutekam, mit einem Federstrich und mit Schlimmerem als einem Federstrich wurde er 1933 zurückgenommen. Auf der jährlichen Messe waren Menschen über Menschen im Umlauf und ein Strom des Geldes dazu. Diesem Umlauf entsprach auch der des Buches. Es war das Symbol der Stadt. Die Deutsche Bücherei sammelte alles, was in deutscher Sprache erschien, im Inland und im Ausland. Ich sah den täglichen Bucheingang durch und stieß auf vieles, was sonst an keiner Stelle zu sehen war. Die Literatur hat nicht nur ein oberes Prachtstockwerk, sondern auch einen Keller, in dem manches wuselt und plötzlich nach oben dringt, auch Dinge, denen der Kellergeruch noch anhaftet. In den Giftschrank kam allerlei. Im Katalog sahen meine staunenden Augen Karten, auf denen zu lesen war: »George, Stefan (d.i. Heinrich Abeles)«, natürlich, da Ordnung sein muß, mit entsprechender Verweisung unter Abeles. Die Bücher Georges findet man auch so, aber es zeigt etwas. Vielleicht ist das noch heute so. Sei es nun, daß der Münchener Verleger Hans von Weber die Behauptung, daß George eigentlich Abeles heiße und Jude sei, vor dem Ersten Weltkrieg als Faschingsscherz unter die Leute gebracht hat, sei es, daß sie aus dem Semikürschner stammt, viele haben es geglaubt, und die Deutsche Bücherei hat diesen Glauben protokolliert. Es wurde enorme Arbeit geleistet, wenn auch diese Arbeit die Mechanisierung des Wissenschaftsbetriebes förderte. Geistlosigkeit und Geist verfitzten sich gespenstisch. Es war aber Leben in dieser Bibliothek, und ich lebte mit. Bekannte Schriftsteller kamen zu Besuch, auch Hofmannsthal, ich wagte aber nicht, mich ihm zu nähern. Er las seinen »Jedermann« vor, die Wirkung der Vorlesung auf mich war seltsam schwach. Die Gründung der Universität Jerusalem wurde in Leipzig durch einen Festakt gefeiert. Kurt Blumenfeld sprach, als Vertreter des deutschen Zionismus, zündend, Vertreter deutscher Universitäten würdigten das Ereignis, Albrecht Alt, der Leipziger Alttestamentler, äußerte sich peinlich zurückhaltend. Zuhause arbeitete ich an meiner Doktorarbeit bei angenehmem Kindergeschrei. Verwandte gab es manche, Freunde kamen und gingen. In Frankfurt promovierte ich 1925 bei Franz Schultz mit einer motivgeschichtlichen Arbeit über die Päpstin Johanna in der deutschen Literatur, in ihrem Mittelpunkt stand Borchardts »Verkündigung«. Ich gab meine Stellung in der Deutschen Bücherei auf und volontierte ein Jahr lang an der Universitätsbibliothek. Das war eine schwere Zeit, aber wir kamen durch. Nach bestandenem Examen für den wissenschaftlichen Bibliotheksdienst ging ich 1926 zu dem Direktor Uhlendahl und fragte ihn, ob an der Deutschen Bücherei Aussichten für mich seien. Das war kein unebener Mann und ganz gewiß kein Antisemit, und doch mußte ich seine ruhige Antwort hören: »Wissen Sie, Herr Doktor, ich würde Ihnen raten, sich an diejenigen Bibliotheken zu wenden, die von jüdischem Gelde finanziert werden.« Es war also aus. Nach einem Intermezzo in Halle, wo es schon in allen Fugen krachte, zog ich die Konsequenz. Wir fuhren nach Florenz.

Im Zuge trafen wir den Direktor Uhlendahl, der irgendwohin fuhr und diese Italienreise für ganz natürlich zu halten schien. Es war aber eine abenteuerliche Italienreise, mitten in das lockende schöne Nichts hinein, das sich als die wunderschöne Stadt Florenz entfalten sollte. Kurz nach Bozen fragte eine Kinderstimme: »Ist das schon der milde Himmel von Florenz?« Bei Platen hatte ich die Verse gefunden: »Du warst mir im Dezember Lenz, / Du milder Himmel von Florenz« und um uns Mut zu machen oft zitiert. Es war aber nicht Dezember, als wir ankamen, es war Februar, kälter als kalt. Wir wohnten bei einfachen Leuten in der Via Sant'Agostino, es gab keine Heizung, nur einen riscaldino, eine Schale mit glühender Asche, um die Füße zu wärmen. Draußen war es sonnig, draußen gab es für große Augen etwas Einmaliges zu sehen, die Stadt baute sich vor uns auf, mit dem Fluß, mit den Straßen, mit den Häusern, mit den Plätzen, mit den Palästen mit den Hügeln, mit den Villen, mit dem Dom, mit dem Baptisterium, dem Campanile, mit der Signoria, mit dem Bargello, mit dem Palazzo Pitti, mit den Uffizien, mit den Boboli-Gärten, mit der Piazza Michelangelo, mit der Cypressenallee aufwärts nach San Miniato oben, mit Fiesole in der Weite, mit dem Abendgesang der Mönche: Ora pro nobis, mit den Bildern des Fra Angelico in San Marco, mit dem Platz, wo Savonarola hingerichtet wurde, es hatte alles seinen geschichtlichen Ort und war lebendig. Die italienische Sprache klang reich in den Ohren. Goethe schreibt in seinem letzten Brief an Zelter kurz vor seinem Tode: »Ich wünschte nur, daß manchmal ein Italiener hereinträte und seine emphatische Stimme hören ließe.« Ein Junge gab auf die Frage, wer Garibaldi sei, die Antwort, das sein ein Heroe, d'Annunzio nimmt man nichts übel, er ist ein poeta, das ist etwas viel Volleres als ein Dichter, es tönt und hat keine Beziehung auf einen Sinn, den es bei Dante, bei Petrarca, bei Leopardi doch hat. In der Zeitung wird diese reiche Emphase, die Goethe der englischen, französischen und deutschen Unverständlichkeit entgegenstellt, zur klingenden Lüge. Es ist die Zeit Mussolinis, der sie in diesem Ton der berauschten Metaphern für lange Zeit unerkennbar macht. Ich spreche schlecht italienisch und amüsiere unsere Wirtsleute, ich rehabilitiere mich, indem ich Verse von Dante vorlese. Es war Lärm, als wir schlafen wollten. Ich rufe: parla basso. Das war die Wort gewordene Verzweiflung Michelangelos über seine Zeit, da Schmach und Schande dauert, als Umgangssprache. Es war schwerer für diese Italiener, Mussolini zu durchschauen, als es für die gleiche deutsche Schicht hätte sein müssen, Hitler zu durchschauen. Von Juden wissen sie nichts und fragen uns, ob wir auch an die Jungfrau Maria glauben. Vor Ostern kommt ein Priester ins Haus und sprengt die Wohnung mit Weihwasser, auch unsere Zimmer. Riesige Menschenmassen sind im Dom und vor dem Dom. Dort stehen auch die heiligen Ochsen, bekränzt. Eine Taube fliegt aus dem Eingangstor. Das Volk jauchzt. Die Vernunft hat es schwer. Zuletzt erwacht sie und erwächst zu jener Leidenschaft, die den Deutschen fehlt. Das

Schicksal Mussolinis beweist es. Aber in *seiner* Hymne antwortet der giovinezza: primavera di bellezza. Es ist leer und doch berauschend. Verknüpft mit dem Namen Mussolinis wird der Reim ruchlos. Das Horst Wessel-Lied ist der Sieg über den deutschen Geist. »SA marschiert«: da wird der Terror zum Ideal und eine Abkürzung zur Unsprache. Das ist immerhin ein Unterschied. Und wo war später Toscanini, weil er, vom Pöbel blutig geschlagen, die Hymne *nicht* gespielt hatte? Er ging. In der Via della Robbia wohnte Hedwig mit ihrem Mann und ihren Eltern. Diese hatten eine große Wohnung für ein Jahr gemietet, faßten aber plötzlich den Entschluß, nach Hamburg zurückzukehren. Sie ziehen aus, wir ziehen ein. Es war wie im Märchen, wenn wunderbarer Reichtum unerwartet die Armen überschüttet. Gespräche, Kinderjubel, Musik! Die Freunde kommen von weit her, Toni aus Palästina, Else aus Berlin, auch Erich Brauer. Ach, Erich Brauer! Hier ein Gedenkwort, geschrieben gleich nach seinem Tode 1943.

22

Glaube nicht, mein Lieber, weil erst so wenig Zeit vergangen, daß du dahin, ich hätte dich vergessen. Dies ist die Wahrheit. In ihr gedenke ich deiner. Es nagt auch an mir. Tropfen fällt um Tropfen das Wachs von der brennenden Kerze, die dein erloschenes Licht beleuchtet. So sehe ich dich vor mir, und deine Umrisse sind von einer Schärfe und Genauigkeit, als hättest du sie gezeichnet. Nie hättest du dir ein solches Werk zugetraut, obwohl du es zuweilen versucht hast, und diese dir vorgegebene Schöpfung in einen Wechselrahmen zu stellen und täglich mit reinem Auge zu prüfen, ob sie Stich halte, es war nicht dir und ist keinem Sterblichen gegeben. Was Raffael vor sich sah, als er sich malte, es war die Schönheit; was er nicht sah, hast du mit ihm gemeinsam. Als Leierkastenmann am Wege hast du dich einmal festgehalten, es war das Leiden des Menschen in der Welt, nicht du. Andere müssen für dich zeugen. Ich versuche es. Ich habe dich gekannt. Mir ist, als wenn ich im Laufe langer Zeit dich auch erkannt hätte. Ich sehe dich als guten Hausgeist unter den Deinen, in weiten Räumen, mit dem Blick ins Grüne und Blaue, und ohne sich aufzudrängen brachte die Kunst, von deinen Händen geordnet, mit deinen Augen gewählt, eine leichte Steigerung des Lebendigen in diese Räume, die von natürlicher Freude, natürlichem Leiden, geistigem Bemühen, geselliger Anmut durchsüßt waren. Ich höre dich sprechen. Es klingt in mir nach. Es war treffend, es war tief, es war oft oberflächlich, oft ungerecht, es ging nie auf Stelzen, es war immer sachlich gedacht und erfüllte zuweilen das Ohr mit einem reichen festlichen Schweigen. Wie haben wir getobt! Wie haben wir gelacht! Wir tranken an der noch nicht versiegten Quelle der Welt, deren Fülle nicht abnimmt, aber sie stillt nicht immer den gleichen Durst, und wenn dem einen das Wasser sich ballt, vertrocknet dem anderen die sich verlechzende Kehle. Deine Seele, in einen schwachen, immer lastenden Körper verbannt, war unheilbar traurig, darum warst du unersättlich nach Freude, nach Heiterkeit, nach Schönheit und suchtest sie auf vielen Wegen und fandest immer leidend sie manchmal und hattest – ich glaube es, ohne es zu wissen, denn du warst verschwiegen wie das Grab, vor dem du dich verschlossest –, auch du hattest Minuten reiner Stillung und inniger Genüge, bevor du in die edle Nüchternheit deines Arbeitstages heimkehrtest. Du liebtest die Welt, du liebtest dein Land, du liebtest mit ringender Mühsal die hebräische Sprache, du liebtest das heiße Afrika und warst wissend und heimisch bei Negern und Juden, soweit sie dem Ursprung noch nahe waren, du liebtest die große Stadt, du liebtest den Kampf des Guten gegen das Böse, du liebtest Shakespeare, du liebtest Karl Kraus, das letzte Buch, in dem du lasest, waren die »Letzten Tage der Menschheit«, du liebtest Offenbach, du liebtest Brecht, du liebtest »Füllest wieder Busch und Tal«, du liebtest »Über allen Gipfeln ist Ruh«, du liebtest »Ich lehre dich den sanften Reiz des Zimmers«, du liebtest »Wenn an der kimm in sachtem fall«, du liebtest »Deine Seele, die die meine liebet«, du liebtest die Jugend, du liebtest vor allem die Kinder. Hast du nicht die traurigsten Gedichte gesammelt, die je sich der Seele der Dichter entrungen haben, die auf gestorbene Kinder? Ist es nicht, wenn man diese thränenden Verse liest, die sich in der Kette der Jahrhunderte zum weinenden Antlitz der Schöpfung schließen, als wenn Deutschland erschüttert und erschütternd aus dem Grabe spräche, das heute die noch nicht Toten mit Tanks zerstören? Du liebtest die Liebe. So hast du sie gezeichnet: über eiskalten Dächern eine ausdruckslos trauernde Gestalt, gebeugt und schweigend, und du hofftest dein ganzes Leben lang, daß sie strahlende Augen höbe, daß du sie nicht senken müßtest, daß sie zu dir spräche, denn hinter deiner oft schonungslosen Rede warest du die Zartheit selbst. Du liebtest die Natur. Du konntest im Gespräch die Hand erheben und gelassen auf eine Färbung des Himmels deuten, und ich, der zerstreut im Banne des zu Sagenden der Richtung deines Fingers folgte, glaubte mehr dir als mir. Über alles aber liebtest du die Kunst und wußtest, daß in dir alle Elemente waren, die unter günstigeren Sternen aus dir einen Künstler gemacht hätten. Du verzichtetest schweigend. Aber dein unbestechliches Auge sah die reinen Linien in den Bildern des Velasquez und in den unscheinbarsten zufälligen Formen des Alltags, in der gewaltigen Trauer von Rembrandts Bethsabe wie in der archaischen Prägung eines Ringes, in der erwogenen Farbenpracht von Manets Olympia wie in einem vergänglichen Plakat, in dem gegliederten Chaos eines Breughel wie in der Druckanordnung einer beliebigen Mitteilung, in dem Bildnis der Frau Koppel von Hans von Marées wie in einer ungelenken Kinderzeichnung, in dem tragischen Blick des Weibes auf dem Bilde von Lovis Corinth, dem der Künstler von hinten auf die Brust greift, in der anderen triumphierend das Weinglas hebend, wie auch in einer schlichten Photographie. In der Mediceischen Kapelle wolltest du allein sein. In deinem Zimmer warst du der aufmerksamste Hausherr, und für Kinder und für Große hattest du immer Überraschungen, die die Welt für Sekunden zur Heiterkeit verklärten. In diesem Zimmer hast du gelebt, es atmete an jeder Stelle deinen Duft. Hier hast du an deinem Werk geschrieben, das andere beurteilt haben und beurteilen werden, hier legtest du dich zu deiner letzten Krankheit nieder. Hier sehe ich dich, das Auto steht vor der Tür, du tratest heraus und sagtest: Auf Wiedersehen. Im Auto sahst du noch einmal aus deinen klugen Augen auf uns. Du fuhrst davon. Wir werden, mein Lieber, uns nicht wiedersehen. Wir werden einander vergessen und vergessen werden. In diesem Gedenken sind wir verbunden mit allen Lebendigen.

Die Toten, die Toten, versinken still.
Wenn einer, verdurstet, noch trinken will,
Ertrinkt er noch einmal, schweigt.
Wir winken ihm zu, die Kommenden bald,
Wir haben ja noch den uns frommenden Halt,
O Guter, sei uns geneigt.

Denn wir lieben dich. Mehr können wir nicht tun. Dein Andenken sei gesegnet.

23

In unserer Wohnung mit dem Blick auf Fiesole hat einmal Robert Davidsohn an seiner berühmten Geschichte der Stadt Florenz geschrieben. Auf der Terrasse wurden endlose Gespräche geführt. Selbst die Verzweiflung ist in Sonne gebadet. Die Freundschaft mit Hermann Schreiner! Er stammte aus Ungarn und hat in Neapel studiert. Er hat sich mit italienischem Geist durchdrungen und lebt in Florenz als Psychiater an einer Irrenanstalt. Dann war er Pharmakologe, in Hamburg, flieht vor Hitler nach Paris, später nach

Toulouse, und bricht, als er nach maßlosen Leiden gerade beginnt seine reichen Gaben in dem befreiten Paris zu entfalten in Mentone plötzlich zusammen, nach einem letzten Blick auf das südliche Meer. Hier in Florenz ist er auf der vollen Höhe männlicher Jugend, von jener Trauer, die Fassung ist und die Freude des Lebens stärkt, statt daß sie sie schwächt. Er liest mir aus Dante, aus Macchiavelli, aus Leopardi vor, auch von Carducci Gedichte wie »A Satana« und »Alla stazione«. Von ihm höre ich den Namen Guido Gozzano, das ist der jung gestorbene lyrische Dichter, der in einer unvergleichlichen Mischung aus Ironie und Schwermut einige tiefe Seelentöne erklingen ließ wie die Begegnung des Halbwüchsigen mit dem Mädchen, das ihn rettet, indem sie ihn von sich stößt. Ich erzähle ihm von Borchardt, der ihn halb wider Willen anzieht, und von Karl Kraus, wo es kaum einer Vermittlung bedurfte, nur daß er schließlich über mein Übermaß an Begeisterung scherzend sagt, für mich sei Kraus ein ganzer Erdteil, für ihn eine Provinz. Aber gerade in diesem Zusammenhang ging etwas vor. Ich hatte bisher, unkritisch wie ich war, von Kraus auch seine Verwerfung Heines übernommen, die so nicht einmal er selbst meinte, das ging mir erst langsam auf, denn diese Verwerfung war eine Akzentverschiebung in eigener Sache, um dieser als der Sprache zum Durchbruch zu verhelfen, es war ein Durchbruch auf Tod und Leben. Da ging es, um etwas Richtiges an Heine zu zeigen, etwas Negatives, nicht ohne Unrecht ab, er wußte es und hat es sogar ausgesprochen, das Positive, es steht nicht im Mittelpunkt, es ist auf ein Nebengleis geraten. Nun hörte ich den Freund Gedichte von Heine vorlesen, die ich nie gelesen hatte, wie »Karl I.« oder »Das Sklavenschiff« oder »Für die Mouche«. Ich war tief erstaunt und fühlte, was mir später deutlich aufging: daß Heine in all seiner künstlerischen und bürgerlichen Zweideutigkeit der einzige große Dichter des 19. Jahrhunderts war, von dem das Neue ausging, und nicht Mörike oder Eichendorff, die so eindeutig herrliche Gedichte gemacht haben. Ich las ihm auch eigene Gedichte vor. Bei einem fragte er: »Haben Sie eine Krise gehabt?« Das war eine Frage, die im Zusammenhang mit Gedichten noch nie jemand an mich gerichtet hatte. Erst 1933 habe ich gedichtet: »Ich stehe in der Krise / Wie Adam in der Brise.«

Ich stieg in die Höhe, ich sah die Stadt und fand das Gedicht »Florenz«, mit der Strophe: »Die Wonnen, die die Nähe kränzen, / Die Klarheit nimmt mich in die Kur. / Ich sehe die gesetzten Grenzen / In der gestalteten Natur.« Da war nichts von Krise, auf den Reim Kur-Natur war ich sehr stolz und fand ihn später bei Quirinus Kuhlmann wieder, der mit vollen Segeln der Schizophrenie jede Krise hinter sich ließ. Ich dichtete auch: »Weit eher stürzt der Campanile / In seiner Schönheit krachend ein, / Als daß ich in die Höhe fiele / Und stände in erlaubtem Stein.« Das war die Absage an die Gestalt. Aus der Irrenanstalt hörte ich vieles. Ich war ja nicht ohne Erfahrung und hatte selbst manches zu erzählen. Als ich 1951 Wilhelm Kütemeyer wiedersah, wurde die Schizophrenie ein Hauptthema des Gesprächs, nicht nur als ein individuelles Problem, sondern: als das öffentliche schlechthin. In all der Schönheit, die mich umgab, in all dem Leben, das mich steigerte, mußte ich mich aber nach einem Beruf umsehen. Die Zeitungen waren voll von Portugal, der romanischen Schwester, wie es im prunkvollen Stil des faschistischen Journalismus hieß, ich las das alles, schon um der Sprache willen, in Coimbra war ich wie zuhause, der Name Karoline Michaelis-Vasconcellos, die gelehrte deutsche Frau, die Jahrzehnte an der Universität gelehrt hatte, war mir vertraut. Der Zufall wollte es, daß die Staatsbibliothek in Lissabon durch Vermittlung des Auswärtigen Amtes für Coimbra deutsche Bibliothekare suchte. Ich bewarb mich und hörte lange Zeit nichts, bis mir ein Brief mitteilte, als ich schon in Hannover war, daß der Direktor der Lissabonner Staatsbibliothek wegen Hochverrats in Haft genommen und der ganze Plan fallen gelassen sei. Die andere Richtung, die mein Leben genommen hätte, sollte nicht sein, und es war gut so.

24

Eines Tages fuhr ich zu Borchardt nach Pistoja. Dort in der Nähe wohnte er, in einer bescheidenen Villa. Es war das letzte Mal, daß ich ihn sah. Wir waren einen ganzen Tag zusammen, und ich übernachtete bei ihm. Ich ging durch eine Cypressenallee auf das Haus zu. An ein Fenster gelehnt, zu ebener Erde, stand Borchardt, mit einem tragischen Ausdruck im Gesicht. Ich trat ins Haus, er zog mich ins Zimmer. Es war sein Arbeitszimmer, geräumig mit Büchern, aber nicht erdrückend vielen, der Schreibtisch mit Schriften und Büchern überhäuft, ein Photo Hofmannsthals, wie mir schien, stand auf dem Tisch. Nach den üblichen Fragen über die Reise begann sofort das Gespräch und hörte nicht auf. Es war am Anfang, daß wir über Politik sprachen. Ich mußte an Ludwig Curtius denken, wie er in seinen Erinnerungen von Besuchen Borchardts bei ihm erzählt, sie hätten jedes Mal mit heftigen Erörterungen über die Politik des Tages begonnen, dann habe Frau Curtius gesagt, sie interessierten sich eigentlich gar nicht besonders für Politik, und dann habe er in die Schatzkammern seines Geistes greifend sie reich beschenkt. Nur daß es bei mir anders war, leider oder sehr erfreulicherweise, ich interessierte mich für Politik, und sogar leidenschaftlich, und konnte darüber vergessen, was mich noch mehr interessierte, vor allem im Gespräch mit Borchardt. Er sprach gegen die deutsche Demokratie, er sprach gegen Clémenceau und gegen Frankreich, und hier sagte er Dinge, die ich nicht wiedergeben will, er sprach für den Krieg gegen Frankreich, daß seine Kinder ihm noch den Racheschwur schwören sollten, das war furchtbar, und furchtbarer noch ist es, wenn ich daran denke, *wie* sich dieser Sieg über Frankreich vollzogen hat. Er sprach gegen die französische Literatur. Ich fragte ihn, ob er denn wirklich glaube, was Josef Hofmiller im Ersten Weltkrieg geschrieben hatte, daß die französische Literatur eine Literatur zweiten Ranges sei. Natürlich glaube er das, und der Beweis fiel ihm nicht schwer. Ich widersprach heftig, und hier ging es hart auf hart, in einem solchen Grade, daß ich aufsprang und ihn um Verzeihung bat, ich war ja sein Gast und verehrte ihn, er gewährte sie sofort und reichte mir die Hand. Es wurde ruhiger, und er sagte dann sogar von Claudel, er sei komplett, das war wahrscheinlich das höchste Lob, das er zu vergeben hatte. Freilich fügte er gleich hinzu, daß er ihn aus anderen Gründen als künstlerischen ablehne, er meinte politische Gründe und dachte da sicherlich an Claudels wirklich wahnwitzigen Deutschenhaß, Goethe eingeschlossen. Hofmannsthal ging, wie er sagte, damit um, Claudel zur Mitarbeit an den »Neuen Deutschen Beiträgen« aufzufordern, darüber sei es zwischen ihnen beinahe zum Bruch gekommen. Valéry lobte er sehr, besonders das Gedicht »Les pas«, von d'Annunzio meinte er geringschätzig, er mache Albernheiten, und das deutete auf eine frühere Schätzung, trotz seiner Verhöhnung des Dichters in seiner ersten Kriegsrede, ich hatte ihm von Gedichten aus d'Annunzios Jugend erzählt, wie dem prachtvollen auf sein Reitpferd, das ich übersetzt hatte. Es war auch von Kafka die Rede, er kannte ihn nicht, wußte aber von ihm, Wolf Przygode, der jung gestorbene Herausgeber der Zeitschrift »Die Dichtung«, der Borchardt verehrte, habe viel von ihm gesprochen. Wir kamen dann auf meine eigenen Gedichte, und er ging eine Anzahl mit mir durch. Er gab sich Mühe, etwas in ihnen zu finden, es gelang ihm nicht, die Dialektik stieß ihn ab, und er sagte es. Als ich dann gestand, daß mir zu jedem positiven Gedanken sofort der negative einfalle, war er entsetzt und mit Recht. Dann aber sagte ich ihm mein Gedicht »Wort aus der Leere«, und er hatte einen starken Eindruck und bat mich, es ihm abzuschreiben. Ich setze es hierher:

Ich habe keine Eile,
Und doch tut Eile not,
Denn es enteilt die Weile
Des Windhauchs vor dem Tod.

Ich starre in die Leere,
Aus der die Welt entstand,
Und wie ich sie verkehre,
Bin ich aus ihr verbannt.

Sich so durchs Leben lügen
Und so die wahre Welt
Entstellen mit den Zügen,
Die mir das Nichts entstellt –
Ich stehe meinem Heile
Im Wege, den die Not
Nicht weiß in diese Weile
Des Windhauchs vor dem Tod.

Und wie ich starrend stehe
Und alles widersteht
Was in mir denkt der Ehe
Aus Arbeit und Gebet,
Enteilt die reine Weile
Des Windhauchs vor dem Tod,
Und es vollzieht die Eile
Das göttliche Gebot.

Wir gingen ins Freie, er zeigte mir seinen Garten und beschrieb mir einige seiner seltenen Blumen. Wir schlenderten durch die Landschaft und kamen wieder auf Deutschland und Frankreich, er verwarf die französische Literatur der letzten Epoche als ganze, ich nannte Rimbaud, und da machte er die immerhin lobende Einschränkung, das seien nicht Gedichte, sondern dichterische Dokumente, dann aber sagte er in ungeheurem nationalem Selbstbewußtsein: »*Wir* haben Hofmannsthal, *wir* haben George, *wir* haben Schröder, *wir* haben Werfel.« Gerade Werfel verwunderte mich in diesem Zusammenhang sehr, da sagte er mir das Sonett aus »Wir sind«, das mit den Worten beginnt »Als mich dein Dasein in den Tod verzückte« auswendig her. Da konnte ich nicht anders und stellte die Frage: »Und was halten Sie von Karl Kraus?« Und erhielt die Antwort: »Was soll ich von ihm halten? Ein Revolverjournalist!« Ich verstummte, denn es verschlug mir die Sprache, wir kamen auf anderes und kehrten dann ins Haus zurück. Frau Borchardt begrüßte mich, und wir aßen zu Mittag. Da wurde nur leicht geplaudert. Dann setzten wir unser Gespräch fort. Ich weiß nicht, wie es kam, er fing wieder von Kraus an, ich hätte es nicht getan, er griff in ein Fach und warf zu meinem grenzenlosen Erstaunen ein Heft der »Fackel« auf den Tisch und sagte: »Ist das denn nicht die reinste Pornographie?« Es war ein altes Heft mit dem Aufsatz »Schönebeckmesser« über ein berühmtes Sexualverbrechen der Epoche, die allerdings pornographischen Stellen, die er enthielt, waren Zitate aus einem Aufsatz von Maximilian Harden in der »Zukunft«. Wie das so geht, wir verbissen uns in das Thema und kamen nicht davon los. Dann stellte er die Frage: »Wer ist denn heute schon für Kraus?« Er wußte aber ganz gut, daß die gesamte Generation, die rechte und die linke, die christliche und die jüdische, in Haß oder Liebe auf ihn bezogen war. Daher war es, wenn auch gutmütig, so etwas wie eine Falle, und ich plumpste in sie hinein, denn von den vielen Namen, die mir hätten einfallen können und die er sicherlich genau so mühelos abgewiesen hätte, nannte ich gerade den Namen einer Frau, die Karl Kraus nahestand, und da hatte er natürlich leichtes Spiel. Ich gebe was er sagte nicht wieder, man sagt etwas derart im Augenblick, niemand ist immer auf der Höhe seines moralischen Niveaus, nur fiel mir auf, daß er genau Bescheid wußte über einen Menschen, den er zu verachten vorgab, und dann kam noch etwas, und das war noch erstaunlicher. Er sagte nämlich, jene Frau habe ihm vorgeschlagen, mit Kraus und ihr im Hotel Adlon in Berlin zu frühstücken, und das habe er überlegen abgelehnt. Das ist ja sub specie aeternitatis völlig gleichgültig, aber im Hinblick auf eine bestimmte Zeit doch ungemein interessant. Nicht alles, was aus seinem Munde kam, konnte man für wahr halten, dies halte ich für wahr, nur daß ich nicht weiß, ob die Initiative nicht von Karl Kraus selbst ausging. Dieser hatte gerade den Aufsatz »Dichters Klage« veröffentlicht, er verwarf im Gegensatz zu Jakob Wassermanns enthusiastischer Verherrlichung von Borchardts Danteübersetzung in der Neuen Freien Presse mit satirischen Mitteln radikal Borchardts Theorie des Archaismus als der rechtmäßigen Sprache der Übersetzung, »mit mir hat er ja auch angebandelt«, das hatte mir Borchardt eben gesagt. Dennoch war Karl Kraus fähig, die Geltung selbst der schärfsten Urteile einzuschränken. Noch in der Abrechnung mit Georges Übersetzung der Shakespeareschen Sonette hat er positiv von der »berechtigten Schätzung einer Energie« gesprochen, er meinte damit George als Gesamtpersönlichkeit. Genau so konnte ihn Borchardts offenbare Intransigenz des Verhaltens zur literarischen Öffentlichkeit anziehen, selbst wenn er die dichterische Leistung ablehnte, soweit er sie überhaupt lesend aufnahm. Aber über alles dies wurde nicht gesprochen, der Altersunterschied war zu groß, als daß ich gewagt hätte, ins Einzelne zu gehen. Eines ist mir freilich ganz sicher, alles an Kraus mußte Borchardt abstoßen, und doch hat ihn eines angezogen, wenn auch hinter seinem eigenen Rücken, das ist der Kampf gegen die Presse. Von der »ecclesia pressans« hat er ja selbst in einem Aufsatz zu Georges 60. Geburtstag gesprochen, das ist jene Presse, gegen die George sich durchsetzte. Wir sprachen dann von seinen eigenen Dichtungen. Als ich ihn fragte, ob er neue Gedichte gemacht habe, verneinte er die Frage ziemlich schroff. Ich bemerkte sofort, daß er bewußt nicht die Wahrheit sagte, er ahnte wohl, daß nur dies an ihn mich in der Tiefe band, er hielt es sicherlich für pädagogisch, mir das Schwelgen im Genuß nicht leicht zu machen. Das ist ja im Grunde des Grundes sein Problem: er wollte mehr sein als der große Dichter, der in ihm angelegt war, und hat ihn darum nur teilweise verwirklicht. Das ist mehr als genug und doch nicht alles. Dieser

Zwiespalt ist auch einer der Gründe dafür, daß von seinen großen dramatischen Plänen ihm nur Bruchstücke gelangen, wie etwa die grandiose Einleitung zu der Staufer-Pentalogie. Diese Pentalogie hat ihn sein Leben lang beschäftigt, und sie fiel vielleicht der Lähmung zum Opfer, daß es keinen Sinn habe, selbst die größte Tragödie zu schreiben, wenn nicht die Bühne sie weitergibt, sondern nur das Buch. Von diesen Plänen sprach er nun ausführlich. Gerade hier hat mein Gedächtnis wenig aufbewahrt. Das ist um so trauriger, da außer den Petra-Fragmenten sich buchstäblich nichts in seinem Nachlaß vorgefunden hat. Es spielte alles in seinem Kopf, »in langsamer Formverwandlung«. Ich bin geneigt, ihm das zu glauben. Er muß manchem seiner Freunde von diesen Plänen erzählt haben. Selbst einem beliebigen Journalisten wie Stefan Großmann, der damals kaum wußte, wer Borchardt war, hat er um 1914 den Lassalle-Plan, welcher ja auch in einem Brief an Hofmannsthal erwähnt wird, mit solcher Eindringlichkeit erzählt, daß dieser von dem Vorhandensein des Ganzen durchdrungen war. Mir sagte er, er habe zeigen wollen, wie ein Mensch alles auf die Karte der Liebe setzt, nämlich Lassalle in seinem Verhältnis zu Helene von Dönniges, und wie die Liebesraserei zur Todesraserei wird. Der Politiker Lassalle aber, wie er auf meine Frage ausdrücklich sagte, sollte nicht im Zentrum stehen. Daß ihm Lassalles nationale Lösung der Arbeiterfrage auf der Grundlage Fichtescher Ideen sympathisch war, darf man vorweg annehmen, wie Lassalle sogar einem Bismarck sympathisch war, und doch scheint an dieser dramatisch unmöglichen Scheidung zwischen dem Politiker und dem Liebenden der große Plan gescheitert zu sein. Dazu kommt noch, daß in diesem Plan wahrscheinlich indirekt die Politik doch ihren Platz hatte. Das hat er mir zwar nicht gesagt, aber in dem späteren Roman »Vereinigung durch den Feind hindurch« steht es mit unheimlicher Deutlichkeit und mit direkter Beziehung auf Lassalle. Darin kämpft ein großer Finanzmann der Epoche, der von ehemaligen »Hörigen« abstammt und dessen Urbild, wie aus dem Vorwort deutlich wird, der große schwedische Spekulant Ivar Kröger war, mit einem jungen Adligen ohne Vermögen um ein adliges Mädchen. Die Gedanken, die sich der junge Liebhaber über den mächtigen Rivalen macht, der schließlich das Mädchen mit und gegen ihren Willen verführt und doch von der Liebe besiegt wird, sind unmittelbar die Borchardts. Es handelt sich um »die Verfügung über die klassische Frau der Alten Welt als sinnfälliger Abschluß des siegreichen Kampfes um ihre Beherrschung«. Und dann: »So war es in Urzeiten gewesen, so würde es in Zukunftsfernen bleiben, Äußerlichkeiten änderte der Firnis der zivilisatorischen Alltagswelt; der Instinkt des aus Untergründen auftreibenden, mit den Waffen der Epoche gerüsteten Parias als Eroberers, würde mit den Zähnen und Klauen Napoleons und Lassalles und Attilas an der Legitimierung der Thronbesteigung durch Bettbesteigung festhalten.« Das ist kolossal. Aber es folgt noch eine Erklärung: »Es wäre nicht das, was die gesellschaftliche Oberflächlichkeit darin verspottet hätte, das Snobistische gewesen, sondern das Allerechteste und Tiefste. Nur in den Jahrhundertabgründen der Rechtlosigkeit hatte sich die positive Wahrheit erhalten, daß der Ring jeder menschlichen Bezeugung sich erst in einer Zeugung schließt, daß die wirklichen Schlüssel alles Durchganges aus Phase in Phase erst in der letzten, magischen Zelle der Zeit liegen, der Frau der Zeit – dem Abscheu in der ungebrochenen, der Neugier in der gebrochenen. Er hatte wohl ein Recht, sich konservativ zu nennen, der dumpfe Bastard. Denn was sich unter dem Turnierhelm konservativ dünkte, und es doch mit täglichen Kompromissen preisgab, weil es gar nicht mehr an sich glaubte – was war es gegen den einzigen furchtbaren Legitimismus, den es gibt, den des heimlichen Umsturzes, der sich den Unglauben an die letzten Symbole, um die er rang, gar nicht leisten konnte, ohne den Sinn seines Ringens vor sich selber zu entwerten?« Abgesehen von dem Versuch, die konservative Idee zu begründen, wie er nur für diesen Roman Geltung haben kann, nicht aber für Lassalle trotz seines großen Rechtskampfs für die Gräfin Hatzfeld und trotz seiner sonstigen adligen Aspirationen, sind hier zwei Punkte wichtig. Es mag sein, daß Helene von Dönniges in dem Drama die »Neugier« der »gebrochenen« Frau so gezeigt hätte wie die Ysi des Romans, daß aber der »dumpfe Bastard« mit Lassalle identisch wäre, das anzunehmen ist ganz unmöglich. Ist er denn überhaupt ein Bastard? Wohl nur in den Augen des gesellschaftlich höher stehenden Rivalen, nicht aber in denen Borchardts. Bei ihm könnte hier ein anderes Motiv aufgestiegen sein, das des Judentums, des »Parias«, das die Bewältigung des Planes verhindert hätte.

Von der »Verkündigung« sagte er mir, daß die Fortsetzung, das heißt die Fortsetzung des religiös-dialektischen Geschehens auf einer geschichtlich-mythischen Grundlage, die Verführung verhundertfachen solle, und er fügte ausdrücklich hinzu, daß ein Gespräch mit dem Kaiser fertig sei. Hätte er gesagt, daß das Ganze anders als in seinem Kopfe fertig gewesen sei, bei einer einzelnen Szene ist dies schwer zu glauben. Er sprach dann von »Jeder Herr ein Knecht«, einem Plan nach einem altenglischen Drama, und von »Orest in Delphi«, ich habe aber alles Einzelne vergessen. Ich zeigte ihm einige alte deutsche Gedichte, wie ich sie schon damals gesammelt hatte und die Jahrzehnte später in meine Anthologie »Wiederfinden« eingegangen sind. Eines machte einen so starken Eindruck auf ihn, es war »Ideal« von Johann Elias Schlegel, daß er es in eine zweite Auflage des »Ewigen Vorrats deutscher Poesie« aufnehmen wollte. Dazu ist es nie gekommen, aber manche spätere Anthologisten haben diese schroff einseitige und doch wundervolle Sammlung geplündert. Diese schroffe Einseitigkeit zeigte sich auch, als ich Göckingh erwähnte, er wies ihn einfach mit den Worten ab, er sei ein völlig leerer Mensch gewesen. Das könnte sogar so sein, ich habe es nicht nachgeprüft, aber nicht anders hat Wilhelm von Humboldt über Claudius gesprochen, und schließt denn Leere die Fülle des Gedichts aus, wenn das lebendige Herz sich regt wie bei Göckingh oder bei Claudius, welcher dazu ein tiefer Mensch war? Inzwischen war es fünf Uhr geworden. Das Wetter war schön. Zu meiner Überraschung kamen aus den oberen Zimmern einige jüngere und ältere Damen, Verwandte von Frau Borchardt, um auf der Terrasse den Tee zu nehmen. Borchardt schleppte jugendlich frisch Stühle herbei, das fiel mir damals auf, weil ich ihn, der noch nicht fünfzig Jahre alt war, schon für alt hielt, ich selbst war eben jung. Die ganze Gesellschaft war zweifellos sehr gebildet und auf Borchardt, den großen Dichter, bezogen, in echter Bewunderung und wahrscheinlich ohne Kritik. Auch ich war auf ihn bezogen, aber in einer Leidenschaft, die Kritik nicht ausschloß. Ich erwähne dies, weil ich mich nicht gesellschaftlich anpaßte, sondern in einer gewiß unerlaubten Weise einfach aussprach, was ich dachte. Das Gespräch kam auf den »Ewigen Vorrat«. Man lobte dieses und jenes Gedicht, und auch ich lobte aufrichtig. Es müssen aber auch Fragen laut geworden sein, warum gewisse Dichter fehlen. Ich besinne mich auf drei Gedichte, von denen Borchardt sagte, er habe sie aufnehmen wollen, er sagte sie kraft seines enormen Gedächtnisses sofort auswendig her, eines, das von einem Jäger handelte, von Hermann Hesse, ein sehr schönes Gedicht des heute schmählich vergessenen Dehmel und die wunderbare »Sommernacht« des noch schmählicher vergessenen Liliencron: »An ferne Berge schlug die Donnerkeulen, / Ein rasch verrauschtes Nachmittagsgewitter. / Die Bauern zogen heim auf müden Gäulen, / Und singend kehrten Winzervolk und Schnitter. / Auf allen Dächern qualmten blaue Säulen / Genügsam himmelan, ein luftig Gitter. / Nun ist es Nacht, es geistern schon die Eulen, / Einsam aus einer Laube klingt die Zither.« Ich höre noch Borchardts Stimme in den letzten beiden Versen, die für ihn wohl das Gedicht selbst waren, aber aufgenommen hat er diese Dichter nicht, sie waren für ihn: das Alte. Das Neue war George, der den Abdruck von Gedichten in Anthologien nicht erlaubte, das Neue war Hofmannsthal, das Neue war Schröder, nicht Rilke, den er völlig ausgelassen hat, das verstehe ich, obwohl es ungerecht ist, es war ein rechtmäßiger Protest. Und dann sagte ich laut, ich verstände nicht, wie eine solche Anthologie mit Schröder enden könne, gerade mit Schröder. Dabei ist dieses Endsonett das erste aus dem sehr großartigen frühen kosmologisch-metaphysichen Sonetten-Zyklus »Die Zwillingsbrüder«, das Borchardt, wie Schröder mir viel später lächelnd sagte, umgedichtet hat. Das alles dachte ich damals nicht mit. Ich hatte aber den merkwürdigen Eindruck, daß Borchardt, was für die Damen, die Schröder kannten und liebten, ein Schock sein mußte, nicht ganz ungern hörte. Er fragte mich, an wen von den Jüngeren ich dächte, und ich nannte Trakl. Er sagte sofort ja, er sei eine höchst charakteristische Figur, warum er ihn nicht aufgenommen habe, sagte er allerdings nicht. Und dann nannte ich Else Lasker-Schüler. Großes Staunen. Ich fing sofort an: »Deine Seele, die die meine liebet, / Ist verwirkt mit ihr im Teppichtibet.« Ich konnte nicht weitersprechen: alle lachten. Borchardt lachte nicht, aber er teilte die Ablehnung. Und sagte sogar: »Und außerdem heißt es doch Tibét!« Als wenn das Land Tibét mit dem Traumtibet des Gedichts identisch wäre! Ich habe selten so deutlich gesehen, wie gegen den klassisch erzogenen Geschmack eines Jahrhunderts, den Borchardt als Dichter nicht einmal teilte, im Gegensatz zu Schröder, das Neue stößt und ihn nicht durchbricht, wenn es auch in Wirklichkeit schon an einer anderen Stelle durchgebrochen ist. Borchardts originale Idee der Poesie hatte den klassischen Kanon längst hinter sich gelassen, sein kritisches Bewußtsein brauchte ihn. In einer Fußnote des Aufsatzes über Croce hat er die Dichterin mit Mombert und Däubler verworfen, es geht gegen den Expressionismus als ganzen, wobei er das Recht seiner Ablehnung durch Zügellosigkeit verspielt. Auch Borchardt drängt zum Ausdruck, wie Hofmannsthal, bei dem der klassische Kanon so bindend wie durchbrochen war, dazu machte er von einem bestimmten Tage an keine Gedichte mehr...

Am Abend nach dem Abendbrot tranken wir zu dreien Tee. Die Kinder kamen einen Augenblick ins Zimmer, um gute Nacht zu sagen. Es war eine sehr vertrauliche Atmosphäre in allem, was gesprochen wurde. Ich erinnere mich nur an weniges. Einmal machte Borchardt einen alten italienischen Bauern nach, es war meisterhaft, einmal sprach er von einer Reise nach Neapel, und als Frau Borchardt leise auf die Kosten hinwies, rief er, Wilhelm von Humboldt sei mit der ganzen Familie im Reisewagen bis nach Spanien gefahren, es war rührend und tragisch zugleich. Einmal sprach er von seinem Aufenthalt in Rom. Er hatte dort eine italienische Rede über Deutschland und Italien gehalten, und mit so großem Erfolg, daß die deutschen offiziellen Stellen in Rom ihn ihrerseits einluden. Das war vor 1933. Hier erzählte er etwas Finsteres, das ich übergehe. Er sprach auch von Nadlers Literaturgeschichte nach Stämmen und Landschaften, von deren Thesen er ganz erfüllt war, wie übrigens auch Hofmannsthal, wie bedingungsweise sogar Walter Benjamin, der einmal von Nadlers »anziehenden Entwürfen« spricht. Als ich einwandte, wie die Leidenschaft sich in dem Dichter ausdrücken solle, da höchstens der Dichter seine Landschaft in der Sprache wiedergibt, die entscheidenden Faktoren seien doch ganz andere, war er drauf und dran, mich halb im Scherz, halb im Ernst aus Hannover abzuleiten, bog aber im letzten Augenblick ab. Da hätte ich mich in meinem Nichts durchbohrenden Gefühle erkennen können, ich habe das aber selbst damals ihm nicht übel genommen, der ganze Mann hatte ja etwas Entwaffnendes an sich, er war ein Kosmos enormer Fehler und ungeheurer Vorzüge, so sehe ich ihn noch heute und bedaure noch heute, daß ich viel zu sehr innerlich bedroht war, um ihm auch nur im bescheidensten Sinne hilfreich sein zu können. Wenn der Berg nicht zum Propheten kommt, geht der Prophet, der das Gegenteil eines Propheten ist, noch lange nicht zum Berge, er staunt ihn nur an in seiner unverrückbaren Massivgestalt. Etwas Merkwürdiges geschah aber noch an diesem Abend.

Es kam nämlich die Rede auf den Krieg, und Borchardt erzählte von einer Abendgesellschaft in Berlin, wo Tilla Durieux es beklagt habe, daß so viele junge Begabungen durch den Krieg vernichtet würden. Das bedeutet wahrscheinlich bei aller Richtigkeit ein Mindestmaß an Opposition gegen den Krieg und gegen die Gewalten, die auf den Knopf drücken. Aber Borchardt war dagegen. Er sagte, kein großer Dichter sterbe, der nicht ein abgeschlossenes Werk hinterlasse, und er nannte Kleist. Ich erschrak. Nicht daß Tilla Durieux trotz der Echtheit ihres Gefühls so einfach Recht gehabt hätte, mit der Empörung über Kunstverluste kann man dem Krieg nicht beikommen. Bei Borchardt hingegen ist das Dämonische, daß in einer Auseinandersetzung über den Krieg dieser selbst gar nicht vorkommt, vorkommen die geschichtlichen Ursachen und geschichtlichen Folgen, aber nur als Sieg oder Niederlage des Geistes. Ein großer Dichter wie Alain-Fournier in Frankreich kann nur Anspruch machen auf ein abgeschlossenes Werk, nicht aber auf ein unabgeschlossenes Leben. Da sagte ich: »Denken Sie doch an Otto Braun!« Und er mit großer Härte: »Ich habe in den letzten Jahren seines Lebens jede Hoffnung auf Otto Braun aufgegeben.« Ich schwieg. Borchardt hat im Hause der Eltern verkehrt, er hat diese hohe jugendliche Begabung mit kaum begonnenem Werk bewundert, sein Einfluß ist in Otto Brauns Tagebüchern spürbar. Sollte es möglich sein, daß gerade die linken Sympathien des jugendlichen Feuerkopfes für Friedrich Adler, den Sohn Viktor Adlers, des Führers der österreichischen Sozialdemokratie, und den Mörder des Grafen Stürgkh in Wien, des österreichischen Ministerpräsidenten, sein positives Urteil ins Negative gewandelt haben? Ich werde es nie erfahren, was da eigentlich vorgegangen ist. Am nächsten Morgen nach dem Frühstück brach ich auf. Borchardt begleitete mich eine Strecke. Dann gab er mir fest und herzlich die Hand und ging. Ich sah mich noch einmal um. In gerader, etwas angestrengter Haltung stieg er eine kleine Anhöhe empor. Ich habe ihn nicht wiedergesehen.

Ein glücklicher Zufall, den ich dem Dichter Ludwig Greve zu verdanken habe, spielt mir den Brief in die Hand, den Borchardt im Sommer 1941 an Karl Förster, den Meister der Gartenbaukunst und der Blumenliteratur, geschrieben hat. Darin lese ich: »Daß ich nach Ihnen verlange, liegt daran, daß ich den furchtbaren Weltzustand mir habe ins Herz treten fühlen wie eine Thrombose, und an ihm zu ersticken drohe wenn nicht zu mir ein Bruder tritt. In solchen Augenblicken hilft keine Gabe der Vorzeit. Eine Liebeskraft der Gegenwart muß das Gefühl des überwiegenden Guten in unsere sterbenden Adern flößen.« Und dies: »Nichts reift so langsam wie der ausdrückbare Wert des Edelstein.« Und dann der Schluß! »Ich bin entschlossen, zu überdauern, zu überleben, nachher noch dazusein. Ich bin überzeugt, daß die neue Welt nur von den Überständigen der Alten geschaffen werden kann, denen nichts das Haupt hat beugen können oder das Herz brechen. Ich werde mich nicht wegwischen lassen, solange ich mich unter Wind und Wetter flach am Boden halten kann. Aber über Wind und Wetter stehen noch die Sterne, in deren Beschluß über uns wir nicht blicken.« So spricht der Mann, den ich geliebt habe. Seine Zeit wird kommen.

25

Nicht in Coimbra fand ich 1927 eine Anstellung als Bibliothekar, sondern in Hannover. Sie war lebenslänglich und hörte 1933 auf. Ich verdanke sie zwei überzeugten Demokraten. Der eine, ein hoher deutscher Beamter in Hannover, hat sich das Leben genommen, als Hitler zur Macht kam. Es fand sich eine schöne Wohnung in der Nähe des Waldes, und es schien alles gut, es wurde langsam alles schlechter, man merkte es nur nicht, wir waren jung, und ich hatte noch die Kraft, von vielem abzusehen, was mich ernst hätte machen müssen. Wohl sah ich die schwarze

Wolke am Himmel, aber ich zog die grüne Erde vor. Meine Gedichte sagten schon alles, was der sie schrieb noch nicht zur Kenntnis nahm. Meine Mutter war tot, Paul war tot, Ernst war von einem, der seine kaufmännische Begabung erkannte, nach Stockholm gezogen worden. In meinem Amt war man kollegial, dennoch war die Distanz immer fühlbar, besonders am Stammtisch, wo sich Bibliothekare, Archivare, Museumsdirektoren einmal im Monat trafen, zu Bier und Politik und zu Witzen, die eher weinen machten als lachen. Wieder sah ich hier, obwohl im kleinsten Maßstabe, daß die Einzelnen waren, was sie waren, mehr oder weniger ernste Menschen, die sich unweigerlich in das Kollektiv der Massengesinnung verwandelten, wenn sie zusammenkamen. Ich saß dabei, hilflos. Ich paßte mich an, aber so, daß jeder merkte, daß ich mich nicht anpaßte. Man sprach vorsichtig, aber auch in der gesellschaftlich verbindlichsten Form hörte ich drohend das Kommende. Es war kaum mehr zu überhören. Es wuchs so lautlos wie schreiend. Die stillen Bürger wurden vor eine Entscheidung gestellt, sie fällten sie und sich. Es hatte aber noch gute und sehr böse Weile, bis sie es merkten.

Ich denke zurück an die zwanzig Jahre, die ich Theodor Lessing gekannt habe. Seltsam zu sagen, ich fühlte mich in seiner Gegenwart beklommen, und wirklich mag er bis zum Kriege stark ästhetisierend, wie die meisten seiner Generation, und nicht ohne literatenhafte Züge gewesen sein. Wäre es wie immer, in meinem Verhalten zu ihm war es so, daß ich ihn literatenhaft fand, weil ich es selber war, denn heute erkenne ich, daß ich diese Beziehung ohne Verantwortung eingegangen bin. Es schmeichelte mir, daß der bekannte Mann mich seines Umgangs für würdig hielt, ich bemühte mich nicht um seine Schriften. Er war herzlich und natürlich wie zu einem jungen und interessierten, vielleicht sogar begabten Menschen. Ich war reizbar gegen sein Lob, denn es schien mir nicht ehrlich, ich litt unter seiner Ironie, denn sie war scharf. Er las mir Gedichte von George vor, so aus »Algabal« das scheußliche »Die Kinder unterm feigenbaum entschlafen«, dessen entarteten Inhalt zu verstehen ich viel zu unschuldig gewesen wäre, aber seine Erklärung machte tiefen Eindruck auf mich. Noch höre ich den dämonischen Ton, in dem er in jenem anderen Gedicht aus »Algabal« die Verse sprach: »Auf die schleusen! / Und aus reusen / Regnen rosen, / Güsse flüsse / Die begraben.« Vorher heißt es: »Rosen regnen / Purpurne satte / Die liebkosen?« Die Frage, in der die Absicht des kaiserlichen Mörders hörbar wird, die Gesellschaft in Rosen zu ersticken, las er meisterhaft, die Stimme ruhte liebkosend auf den beiden hochtonigen Silben aus. Die furchtbaren Verse aus dem sehr starken Gedicht »Der Täter« im »Teppich des Lebens«: »Wer niemals am bruder den fleck für den dolchstoß bemaß / Wie leicht ist sein leben und wie dünn das gedachte / Dem der von des schierlings betäubenden körnern nicht aß! / O wüßtet ihr wie ich euch alle ein wenig verachte!« sagte er mir noch Jahre später, ergriffen von ihrem Klang, obwohl das Wissen um ihrer Leere mittönte. In seinem Hause las er einmal in größerer Gesellschaft Gedichte aus Rilkes »Buch der Bilder« vor. Sie waren für mich leer. Er las mit so dämonischer Vortragsgewalt, daß mir der Gedanke auftauchte »Rilke ist ein Betrüger«, und ich teilte ihn sofort als Höhepunkt eines Briefes gegen Rilke Paul mit, während ich ein anderes Mal von einem Vortrag aus den Gedichten des Tschechen Peter Bezruc in der Übersetzung von Rudolf Fuchs die Überzeugung gewann, dies sei die stärkste polemische Dichtung, die es überhaupt geben könne. Von Rudolf Fuchs, der als Emigrant in England gestorben ist, las er das Gedicht »Sanspareil«, eine liebliche Prager Kindheitserinnerung. Aber nicht immer, wenn ich ihn besuchte, lasen wir. Wir gingen spazieren. Es war ein großer Triumph, den er durch Jahre nicht vergaß und welcher mythische Formen annahm, daß seine Tochter Judith mir von einem Maulwurfshügel vorgeflunkert hatte, es sei eine Austernbank, und daß ich dies geglaubt hätte. Als ich seine Tochter, die in Griechenland lebte, nach Jahren wiedersah, kam er sofort darauf zurück. An meiner Familie nahm er tiefen Anteil, immer wieder mußte ich ihm vom Tode meines Großvaters erzählen.

Ich erinnere mich an einen Besuch zu Anfang des Krieges 1914, an einem schönen Herbsttage. Der Wind kam von den Wiesen durch das offene Fenster herein. Er las mir aus seinen Kriegsgedichten. Er gehörte zu den wenigen Menschen in Deutschland, die vom ersten Tage an Stellung genommen haben –: gegen den Krieg. Ich gehörte leider nicht zu diesen, noch nicht. Seltsam war es, daß ein Erkennender gerade mich zum Hörer haben mußte, der ich nichts erkannte, und doch hörte ich zu, das Gehörte sammelte sich in mir. Ich war aber auch überheblich und hätte anders kaum überleben können. Und so schrieb ich ihm einen Abschiedsbrief. Er hat mir überaus würdig geantwortet, mit ruhigem Selbstbewußtsein und mit sicherem Verständnis für meine jugendliche Unruhe, er zeigte sich nicht im geringsten gekränkt und suchte mich nicht herabzusetzen, dazu hätte er ein Recht gehabt, mein Brief war sicherlich ein Ausbund von Eitelkeit und Anmaßung. Erst als ich wieder nach Hannover zurückgekehrt war, wurde unser Verhältnis herzlich und frei. Eines Tages besuchte ich ihn in Kirchrode, und er sagte zu seiner Frau: »Werner Kraft kommt wieder zu mir, da mußt du eine Flasche Wein aus dem Keller holen!« Und so geschah es. Wir stießen an. Wir haben in diesen letzten Jahren vor dem großen Unglück viele Gespräche geführt, von denen leider das meiste verschollen ist. Von einem Gespräch habe ich eine Aufzeichnung gemacht, und ich gebe es so weiter, in aller Unbestimmtheit, wie ich es aufgezeichnet habe. Er sprach von Palästina und von der politisch-sozialen Lage. Die einzige Lösung sei der Zusammenschluß *aller* Armen und Unterdrückten gegen England. Ich sagte, das könne richtig sein, aber daß gerade er es sagte, sei mir merkwürdig, wo er doch an Gandhi gezeigt habe, daß Ethik praktisch heute nur eine Dekoration sei, und überhaupt sähe ich in seiner Lehre, in dem Übergang von der Philosophie zum Sozialismus einen Bruch, wenn er sage, die Zeit

Walter Benjamin (1892–1940), Literaturkritiker und Übersetzer, auf Ibiza 1932.

Theodor Lessing (1872–1933), Philosoph und Publizist, um 1930.
Photo: Hein Gorny.

Wilhelm Kütemeyer (1904–1972), Kierkegaard-Übersetzer, Schriftsteller und Arzt, veröffentlichte 1951 »Die Krankheit Europas«.

Werner Kraft 1982 in Flims. Photo: Georg Heusch.

der tragischen Dualitätsphilosophien sei zuende, er sei Sozialist. Er bestritt diesen Bruch und sagte: Wenn ich letzte Fragen stelle, ist natürlich alles Humbug, denn ich weiß nicht, ob die Welt ist, und ich weiß nicht, ob sie sein soll, wenn sie wäre. Er fuhr fort: Der Mensch steht nicht nur in dieser Sphäre, der der Philosophie, sondern auch in jener, der des Lebens, und beide haben völlig unabhängig voneinander ihr Recht, nur in ihrer Vermischung steckt das zu vermeidende Übel. Er meinte es wohl noch weit exakter und tiefer, indem er überhaupt allen philosophischen Wahrheiten, die mathematischen ausgenommen, nur Erlebnischarakter zubilligt. Er stützte seine These, welche für ihn keine war, sondern jenseits alles Denkens ein Faktum, noch durch die Behauptung: daß etwa der Schluß des Faust nicht darum, wie viele sagen, flach sei, weil Faust zuletzt Wasserbauingenieur wird, sondern darum tief, denn alles metaphysische Zweifeln endet in einem solchen oder einem ähnlichen Handeln, einem Handeln, das der Erkenntnis der Grenze entspringt, und über diese kommen wir nicht hinaus. Ich versuchte, ihm etwa zu erwidern: ich könne seinen Standpunkt nicht objektiv, im Augenblick, ich könne ihn nur nach subjektiver Erfahrung zu widerlegen versuchen. Auch ich stände im Leben, handelnd, urteilend, mit moralischen und politischen Überzeugungen, aber alle diese Überzeugungen erschienen mir, wenn ich sie reflektierend prüfte, selbst die, die ich bejahte, als nicht überzeugend, mir fehle in ihnen eben die letzte philosophische Grundlegung. Ich nannte sie mechanisch. Und meine damit zuletzt, was ich nicht sagte, daß entweder die Philosophie schlechthin alles unterbaut, all und eines als letzte Identität, oder untauglich ist, auch nur diejenigen Fragen zu beantworten, deren Beantwortung, er, Lessing, ihr zubilligt. Er gab, was ich gesagt hatte, nicht zu und lenkte das Gespräch auf die Grenzen der Skepsis, es gebe Wahrheiten, die gegen alle Skepsis gefeit seien, etwa daß die Welt nicht »ist«, daß sie nur das Korrelat unserer Vorstellungen ist. Ich bestritt das mit dem Hinweis auf den Mythos der Weltschöpfung, in dem der Mensch *nach* der Welt gemacht wird. Auch »Gott« lehnte er in diesem Zusammenhang ab, als Anthropomorphismus, er besage nichts. Subjektiv wohl mit Recht, aber nicht objektiv. Ich hatte Gott hier nur als Begriff im Ganzen der Weltschöpfung verstanden, nicht inhaltlich. Er meinte dann abbiegend, aber solche Abbiegungen sind im Gespräch, selbst dem ernstesten, sehr wohltuend, da es sonst unmenschlich, maschinell zu werden droht, daß alles Fragen nicht mehr erreiche als die empirische Welt noch einmal in absoluto zu setzen. Empirisch ist für ihn hier die nicht philosophisch bearbeitete, absolut die gedachte Welt, die keinerlei Realität jenseits des Denkerlebnisses hat. Ich sagte darauf, gerade die Frage sei das empirisch Erste, das ich in mir vorfände, meine Frage, und diese enthebe er ihres subjektiven, ihres realen Charakters und reihe sie mit seiner Ablehnung der Frage und der Antwort in einen *theoretischen* Zusammenhang ein, der eben in dieser das Erste überspringenden Theorie solche Ablehnung entwerte. Doch blieb mir am Ende des jeweils manches blitzartig erhellenden Gesprächs alles dunkel, und ich könnte nicht sagen, daß er Unrecht, geschweige daß ich Recht hätte. Ich hatte aber wie noch nie von ihm den Eindruck, daß er ein reiner Denker ist, der in seinen Gedanken, obwohl er sicherlich kämpft und die Kraft des Zweifels hat, auch an der Richtigkeit seines eigenen Denkens, mit relativer Sicherheit wohnt. Um diese Sicherheit beneidete ich ihn, obwohl ich wußte, daß ein solcher Neid sinnlos ist.

Er kam dann noch auf Borchardt und einen Brief an ihn zu sprechen, in dem er ihm in einer diskreten Angelegenheit seine Hilfe anbot. Borchardt mußte sich nach dem Maßstabe der Konvention durch diesen Brief gekränkt fühlen. Ich hatte zuerst Lessings Hilfe, vor allem, daß er sich ihrer so sehr schämte, nur als übermütigen Witz des Augenblicks verstanden. Aber auf meine Frage sagte er, er habe es völlig ernst gemeint und ausgedrückt, er habe sich auch vorher mit seiner Frau genau darüber besprochen.

Er schämte sich also dieses Briefes, weil Borchardt geschwiegen hatte. »Großes Menschentum ist das natürlich nicht.« Ergreifend war es dann wieder, daß er von einer Reise nach Florenz erzählte, er sei an Pistoja vorbeigefahren und habe immer überlegt, ob er aussteigen solle, habe es aber zuletzt doch nicht getan, obwohl natürlich hier die Beziehung Borchardts zu ihm nichts bedeute, wie er ja auch einen Berg nicht unter der Voraussetzung betrachte, daß er dem Berg gefalle. Noch ergreifender war ein Gespräch, an das ich mich nur als ganzes erinnere, in dem wir stundenlang über Borchardt sprachen, für und gegen ihn, bis er schließlich abbrach und sagte: »Was muß das für ein Mensch sein, über den man so viel Entgegengesetztes sagen kann!« Seine Tochter, ein kleines Kind auf dem Arm, zu dem sie griechisch sprach, selbst ein kindlich reines Naturwesen, das »gegen« die Dichtung war, hörte staunend zu. Auch über Oskar Goldberg hatte ich mit ihm eine lange Unterhaltung, aber davon konnte und wollte er nichts verstehen, mit großem Recht! Kafka sagte ihm nichts, das kam aus dem »Geist«, das nahm er nicht auf, wie alles Dichten für ihn aus der Fülle kam, die über den Rand strömt. Von Loerke sagte er, der sei »durch«, Wilhelm Lehmann scheint er nicht begegnet zu sein. Für Leere hatte er kein Organ, für die heutige Literatur der Verzweiflung hätte er vielleicht nur ein Achselzucken gehabt. Die Erfahrung Hitlers und alles Weiteren hat er nur in seinem Tode gemacht, nicht in seinem Leben und Überleben, dagegen hat er die Bedeutung der ersten Zertrümmerung des Atoms durch Lord Rutherford mit allen ihren Folgen schon sehr früh gesehen und ausgesprochen.

Er fuhr im Frühling 1931 nach Palästina und schrieb begeisterte Briefe an seine Familie, auch an mich. Er hielt Vorträge in den jungen Kibbuzim und sprach seine Begeisterung offen aus. Aber da geschah es ihm in seiner Begeisterung, daß er in einem solchen Vortrag auch dies sagte: was sie da geschaffen hätten, sei heroisch, aber sie sollten, wenn auch dies eines Tages untergehen sollte, sich zum Troste immer daran denken, daß es einmal gewesen sei. Das war aber kein Trost, sondern ein Stein des Anstoßes, denn diese Hörer, die ihr Werk auf Dauer angelegt wissen wollten, konnten nicht gleichzeitig an den Untergang denken, und der es tat redete an ihnen vorbei. Es war ein tragisches Mißverständnis. Er wollte ja die Leistung preisen, aber die Dauer, da auch große Völker untergegangen sind, füge der Leistung nichts hinzu, in ihrer Gegenwart sei sie heroisch. Es war metaphysisch gedacht, obwohl in schlichter Sprache gesagt, und verstimmte. Und ich erinnere mich auch an dies. In den letzten Jahren vor der Katastrophe hatten einige jüdische Intellektuelle in Hannover eine Art Club gegründet, der wechselnd bei einem der Mitglieder tagte, ein Vortrag wurde gehalten, und über den Vortrag wurde diskutiert. Einmal sprach der Redner, ein sehr gebildeter Mann, über Albert Schweitzer als Philosophen. Es war ein guter und gründlicher Vortrag. Dann trat eine Pause der Verlegenheit ein, denn keiner wollte als Erster sprechen. Da sagte Theodor Lessing als der einzige Philosoph unter den Anwesenden ungefähr folgendes: Wenn keiner sich meldet, so will ich ein paar Worte sagen. Der Vortrag war wirklich ganz ausgezeichnet, aber wenn ich mich über Schweitzer zu äußern hätte, so würde ich sagen: er ist ein bedeutender Theologe, ein großer Bachforscher und Organist, ein ganz wunderbarer Arzt und Humanist, aber ein schlechter Philosoph. Sprach's und setzte sich. Die Kühle im Raum ist nicht zu beschreiben. Er hatte wahrscheinlich recht, aber die Mehrzahl wollte gerade das nicht hören, am wenigsten der Redner, der gewiß auf jeden neutral formulierten Einwand gefaßt war, nicht auf diesen. Theodor Lessing hatte es bestimmt nicht böse gemeint, er zog sogar als Philosoph ein solches Publikum einem fachlich gebildeten vor, und doch stieß er an und ab. Er fuhr nach Marienbad und glaubte sich in Sicherheit. Als ich jemanden fragte, wie es ihm gehe, und es war sozusagen ein deutscher Intellektueller, der keineswegs ein Antisemit war und doch ahnungslos wie sogar ich trotz alles Wissens und trotz meines Willens, Deutschland zu verlassen, da sagte er zu mir: »Dem ist es noch nie so gut gegangen.« Ich fuhr nach Stockholm und war gerettet. Dort erhielt ich zwei Karten von ihm. In der ersten stand: »Meine Gedanken sind oft bei Ihnen und meine Wünsche begleiten Sie und zumal die Kinder. Ich friste das Leben von Tag zu Tag; hoffnungslos, grau, über mich selbst hinweglebend; eigentlich nicht mehr dabei. Verleger für Ihre zwei Bücher? Ach! Sie könnten genau so gut bei mir nach der Adresse Fortunas oder dem Wege nach Avalun fragen.« In der zweiten Karte vom 14. Juli, also am Tage der Erstürmung der Bastille, stand: »Vielen herzlichen Dank für Ihren Brief und die Gedichte. Wunderschön besonders ›Herbst‹ und ›Ersatz‹.« Und dann der Schluß: »Meine Frau (die bei mir ist) sendet mit mir ein herzliches Gedenken. Wir werden uns sicher noch einmal wiedersehn. Und zwar in Hannover.« Erschütternd. Nicht in Hannover, sondern in Jerusalem. Nicht in Jerusalem. Mein Blick fiel auf eine Meldung in der Zeitung.

26

Wir lebten noch in diesen letzten Jahren. Unsere Tochter wurde geboren, Freunde kamen. Ich fuhr oft nach Berlin, um Karl Kraus zu hören. Das war Nahrung des Geistes und des Herzens, die für ein langes Leben gereicht hat. In der Nacht fuhr ich zurück, um am nächsten Morgen im Dienst zu sein. Offenbachs Perichole und Madame l'Archiduc, Offenbachs Blaubart und Großherzogin von Gerolstein, zur Klavierbegleitung gesungen, er konnte nicht singen, so haben seine Feinde gesagt, aber so nicht singen können, mit solcher Leidenschaft, mit solcher Heiterkeit, mit solcher Trauer, wenn Perichole den Abschiedsbrief an ihren Piquillo vorliest, »Wir müssen ein wenig uns trennen, Um froher uns wiederzusehn«, wenn Boulotte, Blaubarts sechste Frau, den Giftbecher trinkt, in dem Zuckerwasser ist, es war nur ein Schlaftrunk, und summt: »O du mein Gott, ist das der Tod?« – es war hinreißend, es ist hinreißend! Ich rede nicht von dem entfesselten Pandämonium der Zusatzstrophen gegen Kerr und andere, das ist, wie die Zeit, vergangen und kann nicht erneuert werden, und doch lebt was einmal im Geist gelebt hat im Geist weiter, auch wenn niemand mehr wüßte, daß es das einmal gegeben hat. Die Zeit raste dem Untergang entgegen. Der beispiellose Erfolg der Dreigroschenoper bezeugte es. Das Nachkriegsdrama »Die Unüberwindlichen« von Karl Kraus, das den Kampf gegen den Wiener Polizeipräsidenten Schober und den Erpresserjournalisten Bekessy zum Inhalt hat, wurde nach dem großen Erfolg in der Berliner Volksbühne durch einen leichten Druck der österreichischen Gewalten abgewürgt.

Im Jahre 1931 las ich in der »Literarischen Welt« Gedichte eines mir unbekannten Dichters. Er hieß Wilhelm Lehmann. Sie trafen mich. Ich glaubte eine neue, eine unverwechselbare Stimme zu hören. Sie stehen in »Antwort des Schweigens«: »Dezembernacht auf den Feldern«, »Untergehender Dichter« und vor allem das einzig schöne Gedicht »An meinen Sohn«! Die keusche Schönheit der Sprache war es, die mich ergriff. Der Dichter hat dieses Gedicht wundersam in den »Überläufer« verwoben, diesen erstaunlichen Roman gegen den Krieg, wo einer es zitiert und ein Hörer es als »kosmische Erleuchtung« und dann als ein »dummes Gedicht« bezeichnet und ergänzend hinzufügt, es sei »dumm wie die Erde, dumm wie die Bäume«. Das sollte ein Lob sein und ist es, es ist eben eine »Antwort des Schweigens«. Ich schrieb dem Dichter. Er antwortete mir: »Ihr gütiger Brief ist ein so seltenes Geschenk, daß ich kaum weiß, wie ich Ihnen danken soll. Erlauben Sie mir, Ihnen ein paar Verse zu schicken, an die wie an zwei neuere Romane kein heutiger Verleger sein Geld verschwenden will.« Ich antwortete wieder, und so entspann sich ein Briefwechsel, er führte zu einer menschlichen Beziehung, zu einer Freundschaft, die über dreißig Jahre nicht nur ungetrübt blieb, sondern auch frisch wie am ersten Tage. Grenzen wurden schweigend anerkannt, besonders die meinen, der Altersunterschied war damals noch sehr fühlbar. Ich ging mit dem Gedanken um, bestimmte Kreise in Hannover für einen Vortragsabend zu interessieren. Er war sehr einverstanden, in seinem Brief stand aber auch der Satz: »Schreiben Sie mir bitte, falls es Ihnen gelingt, mehr Menschen als sich selber für diesen Abend zu interessieren.« Und so war es! Es wurde nichts aus diesem Plan. Die Verfinsterung Deutschlands hatte begonnen. Um so intensiver wurde die Mitteilung in unseren Briefen. Der Dichter schickte mir den »Provinzlärm«. Ich war entzückt und sprach es aus. Er schrieb mir am 24.4.1932 aus Cademonio bei Lugano: »Zwischen die große Freude über Ihren Brief und meinen Willen, Ihnen gleich zu danken, legte sich die Mühsal des Daseins. Schwierigkeit, sich gegen einen Wall neuer Menschen einzuleben, Ungunst des Wetters, quälendes Unwohlsein – ach! j'éprouve une difficulté d'être! Ich habe mich mit Sehnsucht und Entzücken mit Ihrem Brief auseinandergesetzt. Daß Weite und Entschiedenheit des Blicks, wie Sie sie besitzen, meinem Buche zuteil wurden, gewährt mir eine herrliche Befriedigung: lassen Sie mich das gleich von vornherein sagen; auch muß ich Ihnen sagen, wie sehr es mich tröstet und erhebt, daß es solchen Blick auf die Welt überhaupt noch gibt. Möchte Ihnen diese meine Freude auch ein wenig Freude machen. Sie treffen so in das Zentrum, daß ich meine, daß mir eigentlich zu Ihrem Urteil über den Provinzlärm wenig zu sagen übrigbleibt. Daß Sie die Langsamkeit der Entwicklung loben, den Verzicht auf das, was der gangbare, viel beschwatzte Roman macht, und vieles andere noch! – all das freut mich unendlich. Und daß Sie einiges ergreift – auf was Besseres, Schöneres dürfte ich denn rechnen!« Der Brief zeugt von dem Glücksgefühl des Dichters, einen Leser gefunden zu haben, wenigstens einen, mehr als gezählte Leser waren damals einfach nicht zu haben.

Im Juli 1932 schickte mir Wilhelm Lehmann aus Ehrwald in Tirol das große Gedicht »Grille im Tessin«. Im Oktober 1932 besuchte er mich in Hannover. Er bewegte sich im Kreise meiner Familie mit vollkommen unbefangener Vertrautheit, als wären wir alte Freunde. Ein Wort gab das andere und dann alle. Wir gingen durch die Eilenriede, wir gingen durch die Straßen und Anlagen der Stadt, und diese »fahlste unsrer Städte«, wie George mit Unrecht sagt, blühte auf unter seinen Augen. Was wir sprachen, es ist verschollen und doch unvergeßlich. Er fuhr weiter in den Tessin. Dort schrieb er die »Hochzeit der Aufrührer«. Das war ein hoher Augenblick der Kunst. Aber am 30. Januar 1933, an einem furchtbaren Datum der Geschichte, heißt es: »Von mir ist nichts Gutes zu melden, gleich einem Fetzen Papier, der, aus dem Fenster geflattert, in eine Pfütze fällt und hier sein frisches und rösches Wesen unter Regen, dann unter Fußtritten einbüßt, oder einer Frucht gleich, die, einstmals kernig, mulsch geworden ist und, überweich, bei einem Griff zerfließt.« Und am 3.5.1933: »Ich grüße Sie aus der Tiefe der Empfindung und wünsche Ihnen und mir die Fähigkeit, sich aus der Bitterkeit der Bitterkeiten emporzusaugen.« Bei meiner Abreise aus Deutschland machte ich in Eckernförde Station. Ich blieb einen Tag. Er war herzlich und schön, der Blick auf das Meer gab Ruhe, gesprochen wurde immer weniger. Der Dichter gab mir das Manuskript des »Überläufers« mit. Wir gingen zum Bahnhof. Zufällig hatte ich in Paris einen Diplomaten kennengelernt, einen alten Mann von hoher Lebendigkeit, der sein ganzes Leben in südamerikanischen Ländern zugebracht hatte, und nie im Leben habe ich so viel über jene Weltgegenden erzählen hören. Das fiel mir ein, weil Wilhelm Lehmann in Puerto Caballos in Venezuela geboren wurde und weil mir außer dem bevorstehenden Abschiede schon nichts mehr einfiel. Auch in Venezuela war jener Diplomat gewesen. Darauf kam ich. Er hörte stumm zu, und plötzlich sagte er: »Wie sieht es denn jetzt aus in Venezuela?« Als wenn ich das gewußt hätte! Ich habe nie ein so dem völligen Verstummen abgerungenes Wort der Geistesabwesenheit, der Herzensanwesenheit gehört. Wir lachten gedämpft. Es war erschütternd –: uns. Wir schrieben uns weiter, zuletzt über Dänemark. Am 9. 6. 1938 schrieb er: »Ich bin die paar Pfingsttage im blühenden warmen Juniwetter herumgelaufen, bis mir die Füße wund wurden. In der höllischen Welt flimmert die Sonne, entzogen menschlichem bösem Willen, und trillern die Regenpfeifer süß. Auch sah ich zwei Eulen, sie sahen aus, als rängen sie die Hände, und schauten tief ins Unabänderliche.« Und am 18. 8. 1939 aus Kopenhagen: »Ich sitze im letzten Sommersonnenschein vor dem Kgl. Theater und sehe Ludwig Holberg zu. Ich danke Ihnen für Ihre Gedichte, sie pflügen mir das Herz um – ich sandte Ihnen das Bild des Totengottes: schauen wir ihn ehrfürchtig an, läßt er uns vielleicht noch eine Zeit und in die Sonne spähend: ›Und dann auf Erden wohnen, wo mit allen / Ich fahre hin zu freudigem Verfall / Und aller Trauer endlichem Verfallen / Und aller Freude Jubel durch das All‹.« Verse von mir, zitiert. Zwei Wochen später überzog Hitler die Welt mit Krieg. Es war aus.

Wir sahen uns wieder 1951. Welch ein Wiedersehen nach allem, was geschehen war! Die Welt hatte sich verwandelt bis aufs Atom, es explodierte, und die Menschheit hatte den Sieg verloren. Wir setzten in bescheidener Treue des Geistes und des Herzens unser Leben fort. Wir sahen uns wieder in Klein-Wittensee, in Eckernförde, in Hamburg, in Lüneburg, in Rom, wo immer es war, es war immer ein Fest. Im Zusammenhang dieser Begegnungen steht mir Einzelnes deutlich vor Augen. Das Ganze, von dem das Einzelne sich abhebt, war Schleswig-Holstein. Wir gingen durch die grüne Landschaft dieses Landes, wir sprachen ernst, wir scherzten, wir sahen, vor allem er, Blumen über Blumen, die Augen dieses Mannes sind unersättlich, daher kommen seine Gedichte. Wir lasen uns Gedichte vor. Mein Lesen ist rhythmisch, das seine nüchtern bis zur bewußten Trockenheit. Die Deutlichkeit geht ihm über alles, so auch in den Gedichten selbst, die Form und die Sache sind ihm eines. Alte Versformen kommen kaum vor. Wo es dennoch geschieht, entsteht etwas Einmaliges kraft der Energie des Gefühls. So in dem Gedicht, mitten im Krieg, an Oskar Loerkes Grab: »Sirene heult, Geschützmaul bellt. / Sie morden sich: es ist die Welt«, so in dem herrlichen Gedicht »Fahrt über den Plöner See«, wo die Schiffsfahrt zur Lebensfahrt wird im paradiesischen Raum aus Land und Wasser: »Dort schwimmt bebuscht die Prinzeninsel, / Hier steigt die Kirche von Bosau – / Wir fahren durch den Schreck der Zeiten, / Beisammen noch, geliebte Frau!«

Das stille Haus in Eckernförde mit dem gehegten Garten! Die schöne Wohnung! Wir gehen nach Windeby, das ist das Schloß, wo die Brüder Stolberg gewohnt haben. Wir essen im Ratskeller. Beim Gehen sagt der Dichter zu dem Kellner: »Was wäre Eckernförde ohne den Ratskeller!« Und der Kellner antwortet: »Was wäre der Ratskeller ohne Wilhelm Lehmann!« Wir fahren zu vieren mit einem Schiff auf der Schlei nach Schleimünde, wo es in die Ostsee geht. Weites Wasser, Möven, Schwäne. Wir sitzen am Strand auf den Steinen und blicken über die See. Wir sprechen, wir schweigen. Ich frage ihn nach dem Christentum. Er lehnt es leise aber bestimmt für sich selbst ab. Das verwundert mich tief, obwohl ich es erwartet habe. Wir fahren mit dem Schiff zurück. Der Dichter ist ganz Auge. Das Dunkel sinkt sanft über die Flut. Dann geht es mit dem Zug nach Eckernförde. Am Abend sind wir noch heiter zusammen. Der rote Wein funkelt. Der Abschied ist traurig. Ich suche es zu verbergen. Am nächsten Morgen ganz in der Frühe fahren wir ab. Und so könnte ich weiter erzählen, aber die Sprache schweigt und läßt dem Dichter das Wort:

Immer wieder hört der Schläfer
Wiedehopf und Kuckuck rufen
Und des Knaben Wunderhorn –

Alles ist, was einmal war.
Auf dem Pferd mit goldnen Hufen
Reite ich die Glasbergstufen –
Kuckuck und sein Küster rufen!

Und das Lied beginnt von vorn.

27

Ich traf bei meinen Freunden in Lüneburg den Schriftsteller und Lehrer Robert Brendel. Ich sehe einen schönen und feurigen jugendlichen Mann. Ich sehe ihn nicht mehr. Er hat wie ein Löwe um die Rettung seiner jüdischen Frau gekämpft. Sie gelang ihm. Dafür brach er nach 1945 zusammen, um Leben und Werk betrogen. Am 1. Juni 1933 schrieb er mir: »Endlich finde ich die Ruhe, Ihnen zu schreiben. Schon lange lag es mir am Herzen, Ihnen in dieser Zeit der menschlichen Barbarei meine herzliche Verbundenheit auszusprechen. Aber ich war gelähmt, unfähig, anderes zu denken und zu tun, als das, was einem so der Tag zur Verarbeitung zuwarf. Und das war wahrhaftig schwer und hoffnungslos genug. Die Schutzmauern des geistigen Raumes, in dem man lebt und leben muß – heute mehr denn je – waren nicht immer stark genug gegen die Brutalitäten des Tags: der Selbstmord von Professor Jakobsohn und all das andere drangen denn doch allzu gewalttätig ein. Man versuchte, dem Wesen und Werden Deutschlands doch im Innersten verbunden, einen Sinn zu finden in diesen Unmenschlichkeiten, man bemühte sich, irgendwo die tiefere geschichtliche Legitimation der Männer zu entdecken, die solche Barbareien selbstgewiß heraufbeschwören. Und immer stand man vor dumpfen Gefühlen, wilden Ressentiments, kleinbürgerlichen Räuschen als den Quellen einer Bewegung, die sich heroisch zu nennen wagt. Und Sie werden ermessen können, was es bedeutet, in solcher Zeit und unter solcher Führung Lehrer sein zu müssen, Lehrer der deutschen Geschichte und Sprache! Sie, der Sie in die innersten Geheimnisse und Schönheiten deutscher Dichtung eingedrungen sind wie keiner der ›arischen‹ Schreier, die heute das Wort haben, Sie werden verstehen, mit welchem inneren Grauen ich an die Zukunft meiner Lehrtätigkeit denke. Denn man kann, so sehr einem das auch eingeredet wird und so sehr man sich selbst damit zu beruhigen sucht, nicht geistige Dinge unter dem Gesichtspunkt einer Weltanschauung lehren, die einem gegen das innerste Gewissen ist, ohne Schaden an seiner Seele zu nehmen. Und es ist das Beschämendste dabei für einen, daß man, solang es geht, still hält, weil man die Entbehrungen fürchtet und den möglichen Hunger, den man durch eine stolzere Haltung seinen Kindern auferlegen würde. Aber, wie Sie an Hubert Breitenbach schrieben, es gibt eine Grenze, über die ich entschlossen bin, nicht zu gehen. Es sollte Ihnen dieser Brief sagen, daß es Deutsche, ›Arier‹ gibt, die zu Ihnen und zu Ihrem Volke sich bekennen in selbstverständlicher Menschlichkeit, sollte es Ihnen sagen, um Sie in Ihrem Glauben an die Kraft des Geistes zu stärken. Aber ich glaube, er wurde mehr eine Klage um eigene Bitterkeit und sicherlich der Ausdruck gemeinsamer Not. Wie so oft in der Geschichte tragen Sie und Ihr Volk auch heute wieder das schwere Schicksal des *Menschen* in der Welt. Und so sind Sie nicht allein. Ich hätte Sie gern besucht, aber ich kann mich nicht entschließen, meinen Vater in Hannover zu sehen: denn meine Familie steht im anderen Lager.« Hier hat also ein Deutscher gleich zu Beginn, »als es noch nicht so schlimm war«, die ganze Wahrheit erkannt, die entsetzliche, die ausweglose, in der ein Lehrer für Sprachwissenschaft in Marburg wie dieser Professor Jakobsohn aus Lüneburg Selbstmord begehen mußte, aber das ist nur *ein* Beispiel von nicht zählbaren. Ehre diesem Deutschen, der *gesprochen* hat!

Um 1931 war es, daß ich in der Bibliothek in Hannover ein Buch herauszog und wie im Traume las. Sein Titel war: Über die Sprache; der Verfasser: Carl Gustav Jochmann. Genau um diese Zeit wurde ich auf eine in Berlin erscheinende Zeitschrift aufmerksam. Sie hieß »Der Sumpf«. Ihr Herausgeber war Wilhelm Kütemeyer. Sie war ohne Karl Kraus als Vorbild nicht denkbar und doch original in ihrem christlichen Radikalismus gegen die Zeit, denn es gab noch ein anderes Vorbild: Kierkegaard. Jedes Heft enthielt, als Motto, von ihm den Satz: »Die Schwierigkeit, mit der ich zu kämpfen habe, gleicht der Schwierigkeit, ein aufgefahrenes Schiff wieder loszubringen, wenn der Grund ringsum so lockerer Boden ist, daß jeder eingetriebene Pfahl haltlos nachgibt.« Das war deutlich: der Kampf ging gegen den religiösen Sumpf. Ich lernte Wilhelm Kütemeyer und Werner von Trott als den Hauptmitarbeiter in Berlin kennen. Sie waren, jünger als ich, von reinstem Geiste beseelt. Ein Aufsatz von mir über einige Gedichte von Karl Kraus ist dort erschienen. Es kamen vier Hefte heraus. Das fünfte Heft war gesetzt, aber der Satz mußte zerstört werden, um die Drohung eines Feuerangriffs auf die Druckerei abzuwenden. Außer einigen meiner Kafkaaufsätze hätte darin erscheinen sollen: eine Auswahl von Jochmanns fulminanten »Stylübungen« aus dem Buch über die Sprache. Erst im Jahre 1967 konnte ich eine Auswahl der Schriften dieses großen Schriftstellers herausgeben, und im Jahre 1972 erschien endlich die lange abgeschlossene und noch länger geplante Monographie über ihn. Im zweiten Heft des »Sumpfes« waren die tragischen Seiten »Über den Untergang des Vaterlandes« von Hölderlin abgedruckt. Darin war zu lesen: »Aber das *Mögliche*, welches in die Wirklichkeit tritt, indem die *Wirklichkeit sich auflöst*, dies wirkt, und es bewirkt sowohl die Empfindung der Auflösung als die Erinnerung des Aufgelösten.« Aber dieses Mögliche in Anwendung auf die Gegenwart, welches für die Zukunft genau zu bestimmen Hölderlin eine ungeheure Anstrengung des Geistes macht, die den Untergang, als Übergang, in das Heil der Zukunft verwandeln will, dieses Mögliche wurde von der Elementarkatastrophe, die 1933 ausbrach, verschlungen. Sie ist nicht abgeschlossen. Es muß alles neu gedacht werden.

Schon im April 1933 verließ ich Deutschland. Seit 1934 lebe ich in Jerusalem. Es heißt, die Luft dieses Landes macht weise; das Exil wurde zur Heimat. Aber die Mühe des Anfangs war groß. Nicht nur die materiellen, auch die geistigen Lebensadern waren mir durchgeschnitten. Ich hatte Freunde, dankbar sage ich es, ja sogar einen einzigartigen Freundeskreis, ich war nicht verlassen. Nur in dem, was ich zu sein glaubte, ein Schriftsteller und Dichter der deutschen Sprache, konnte mir niemand helfen. Was sollte ich tun? Ich setzte mein Leben fort. Ich schöpfte wie bisher aus den Quellen des deutschen Geistes und der deutschen Sprache. Ich tat es noch angesichts des ungeheuren Frevels, der von Deutschland aus das große Unglück über das jüdische Volk und die Welt als ganze gebracht hat. Mir blieb keine Wahl. Und es war nicht leicht, es war maßlos schwer, so Jahr für Jahr ins Leere hinein zu schreiben. Es war nicht nur schwer, sondern manchmal schien es mir selbst beinahe lächerlich. Ich habe es einmal in einem Vers als Wortspiel ausgedrückt: »Und mein Geist strahlt lächerlich!« Dies war genau mein Zustand: ich sah die Lächerlichkeit, ich gab das Licht nicht preis. Dennoch verglichen mit dem, was andere erleiden mußten, ist was ich selbst gelitten habe –: nichts. Aber selbst dieses Nichts hatte eine Qualität, so wie Wolfram von Parzival sagt: »Zum Bruche war's gekommen / Zwischen ihm und der Freude; / Sein Leben ward ein morsch Gebäude.« Manchmal war es dennoch die Freude. Ich versuchte beides durch ein langes Leben im Wort festzuhalten. Kinder und Enkel sind um uns. Die Toten leben. Mein Leben lebe ich, den Blick auf die Verwandlung der Welt gerichtet. Dem Wort diene ich, in einem Raum, dessen Mittelpunkt ein Schreibtisch ist. Ich sehe durchs Fenster auf einen kleinen Garten. Ich sehe den weißen Oleander, den Granatbaum mit den feuerroten Blüten sehe ich nicht. Ich muß zu ihm gehen, wenn ich die Keime anschauen will, die noch geschlossenen

Knospen, das geöffnete Prangen. Er ist das östliche Wunder. Das westliche Wunder des Flieders ist dahin. Vor mir blicke ich auf ein Bild. Es ist Karl Kraus. Er liest vor aus einem Buche. Ist es das Gedicht vom Flieder?

Nun weiß ich doch, 's ist Frühling wieder.
Ich sah es nicht vor so viel Nacht
und lange hatt' ich's nicht gedacht.
Nun merk' ich erst, schon blüht der Flieder.

Wie fand ich das Geheimnis wieder?
Man hatte mich darum gebracht.
Was hat die Welt aus uns gemacht!
Ich dreh' mich um, da blüht der Flieder.

Und danke Gott, er schuf mich wieder,
indem er wiederschuf die Pracht.
Sie anzuschauen aufgewacht,
so bleib' ich stehn. Noch blüht der Flieder.

Er hat das Gedicht am Ende des Ersten Weltkriegs gedichtet. Auch der zweite ging vorüber, drei Kriege hier. Was kommt ist die dunkle Frage, vielleicht aber auch die klare Antwort. Was hat die Welt aus uns gemacht! Beides ist da, das Rettende und das Vernichtende, wie der herrliche Wasserfall in Ein Gedi, der Oase am Toten Meer, und rings herum die tödlich steinerne Wüste. Die Wüste des Todes mit dem Wasser des Lebens zu durchtränken, das ist das Ziel, dem alles sittliche Bemühen des Geistes gilt. Ich heiße uns hoffen.

Jerusalem, April 1972

Nachwort

Werner Krafts Autobiographie reicht nur bis zum Jahr 1934; über die Jahre bis zum Zeitpunkt der Niederschrift, die fast vierzig Jahre bis 1972 also, gibt er uns nur anderthalb Seiten, die summarisch und doch genau sind: Nach der Vertreibung aus Deutschland habe er sein Leben fortgesetzt, sein Leben als »ein Schriftsteller und Dichter der deutschen Sprache«, das Bild seines immerwährenden Hausgottes, Karl Kraus, vor sich auf dem Schreibtisch, einen Weltkrieg und drei nahöstliche Kriege hindurch – am Ende seines Lebens, im Sommer 1991, würden es dann sogar fünf nahöstliche Kriege gewesen sein. So sehr zu bedauern ist, daß Werner Kraft seine Autobiographie nicht mit zusammenhängenden Erinnerungen an sein Leben in den folgenden Jahrzehnten weitergeführt hat, das Einhalten im Jahr 1934 hat doch sein Richtiges. Als Kraft im Sommer 1933 nach dem Erlaß des sogenannten »Gesetzes zur Wiederherstellung des deutschen Berufsbeamtentums« vom 7. April 1933 das Land verlassen muß, das ihn zwingt, sich nicht mehr als Deutscher, sondern nur noch als Jude zu verstehen, und – nach einem Umweg über Stockholm, London und Paris, wo er Lebensmöglichkeiten als Emigrant erkundet – im Sommer 1934 in Palästina ankommt, beginnt seine Laufbahn als Schriftsteller und Literaturkritiker – jedoch auf damals unabsehbare Zeit hin als Autor ohne oder nur mit einem minimalen Publikum. Das bittere Paradox dieser lebensgeschichtlichen Zäsur heißt für Kraft, daß er, ohnehin ein Spätentwickler, bis Anfang der dreißiger Jahre auf die für ihn entscheidenden Autoren und Themen gestoßen ist und weiß, worüber er schreiben will, daß er jedoch genau in diesem Moment in die Einsamkeit eines Autors ohne Öffentlichkeit gestoßen wird; dies wird sich erst fast zwanzig Jahre später ändern. Zwar hat er schon als Achtzehnjähriger eine merkwürdig hochgemute wie demütige, fast expressionistisch zu nennende Rezension zweier Gedichtbände Rudolf Borchardts und Stefan Georges in Franz Pfemferts Zeitschrift *Die Aktion* veröffentlicht, doch setzen nach 1914 Veröffentlichungen fast vollständig wieder aus, sieht man einmal von seiner Dissertation *Motivgeschichtliche Untersuchungen über die Päpstin Johanna in der deutschen Literatur* von 1925 und acht kleinen literaturkritischen Aufsätzen zu Romanen und Gedichten Max Brods, Christian Wagners, Kraus', Kafkas und Goethes ab. »Die Mühe des Anfangs war groß«, schreibt Kraft lakonisch über die Existenzgründung in Palästina, wo er, ein promovierter Bibliothekar, für fünf Jahre nur Gelegenheitsarbeiten hat, dann Bibliothekar am Centre de culture française wird und von 1947 bis 1956 im Department of Antiquities der israelischen Regierung Anstellung findet; es waren Jahre der Vereinsamung in der deutschen Sprache, in der er weiter leben und arbeiten wollte, in der allein er dichten und schreiben konnte, die aber damals in Palästina/Israel kaum öffentlich gesprochen werden konnte. Werner Kraft empfand es immer als eine Schwäche, vielleicht sogar als eine Schuld, es nicht ernsthaft mit der hebräischen Sprache seiner neuen Umgebung versucht zu haben, doch fügte er stets halb resigniert und halb trotzig hinzu, er habe gar keine Wahl gehabt, es habe an diesem Punkt »keinen Einspruch« gegeben. Die Jahre von 1934 bis 1991 gehören der mit einer bewundernswerten, geradezu unheimlichen Stetigkeit erfolgenden Ausfaltung dessen, was er an Themen und Vorhaben im Kopf hatte, als er Palästina betrat. Das vielfältige dichterische, literaturhistorische und literaturkritische Werk, das er in einer schattigen kleinen Wohnung im Jerusalemer Stadtteil Rehavia schuf, schenkte er jener Heimat, die ihm einst die Muttersprache gegeben und dann die Zugehörigkeit genommen hatte. Er hätte nach 1945 wieder nach Deutschland zurückkehren und seine Stelle an der Bibliothek in Hannover einnehmen können, doch entschied er sich nun, obwohl eigentlich kein Zionist, bewußt für sein Judentum und für das Land Israel und kehrte von 1950 bis in die späten achtziger Jahre nur zu – allerdings häufigen – Besuchen nach Deutschland zurück.

Das Deutschland, das ihn formte, war jedoch das Deutschland vor dem Jahre 1933, das Deutschland seiner Jugend. Krafts Lebensgeschichte bis zu diesem Zeitpunkt ist die eines jungen deutschen Intellektuellen und Dichters, dem ein Leben mit und in der deutschen Literatur und Sprache selbstverständlich ist und der erst in den zwanziger Jahren, vor allem in den Jahren als hannoverscher Bibliothekar zwischen 1927 und 1933, ganz leise zu merken beginnt, daß die Selbstverständlichkeit, mit der seine Familie sich assimiliert hat und mit der er sich selbst gar nicht anders denken kann denn als Deutschen und sogar, als Jünger Rudolf Borchardts, als deutschen Kulturnationalisten, von den nichtjüdischen Deutschen immer weniger geachtet und gewünscht wird. Im Gegensatz zu seinem Freund, dem Kabbala-Forscher Gerhard Gershom Scholem (1897–1982), auch im Gegensatz zu den späteren engsten Weggefährten in Jerusalem, dem Religionsphilosophen Martin Buber (1878–1965) und dem Historiker und Pädagogen Ernst Simon (1899–1987), denen ihr Judentum schon früh so wichtig wurde, daß sie Hebräisch lernten und sich nicht durch Hitler zum Judentum zwingen ließen, sondern darin schon Fuß gefaßt hatten, als 1933 kam, war Werner Kraft den Ereignissen, die ihn 1933 entwurzelten, gänzlich schutzlos und ohne innere Widerstandskräfte aus einem gelebten Judentum ausgesetzt. Nur eines interessierte ihn rückhaltlos und leidenschaftlich: die deutsche Literatur. »Ich bin schwach, / Ich gebe nicht nach«, so hat er später die ihm eigene Verschränkung von Wehrlosigkeit und Zähigkeit beschrieben, die nicht hoch entwickelte Lebenstüchtigkeit bei gleichzeitigem traumwandlerischem Festhalten an dem als sein Eigenstes Erkannten: an der deutschen Literatur nämlich in der Ausprägung und mit den Problemstellungen einer ganz bestimmten Epoche.

Es war für ihn die Epoche Stefan Georges und Rudolf Borchardts, in geringerem Maße auch Hugo von Hofmannsthal, später kamen Karl Kraus, Franz Kafka und für die Vergangenheit der deutschbaltische Staatstheoretiker und Sprachkritiker Carl Gustav Jochmann (1789–1830) hinzu, an denen ihm zwei ganz verschiedene schriftstellerische Verpflichtungen auf die Wahrheit deutlich wurden. Im Werk Georges, Borchardts und Hofmannsthals sah er vor allem eine Erneuerung der Sprache der deutschen Dichtung, die ihm – wie George und Borchardt – um 1900 in naturalistischer bzw. journalistischer Verflachung darniederzuliegen schien und der in seinen Augen gerade George, Borchardt und Hofmannsthal eine neue Kraft und neue Höhe wiedergegeben hatte, die verpflichtend war und neue Maßstäbe setzte oder doch hätte setzen können. Werner Kraft hatte ganz allgemein eine Neigung, Menschen nur das beste zuzutrauen, so daß er oft fassungslos bis ungläubig reagierte, wenn er von den dunkleren Seiten des Charakters eines Menschen erfuhr. In ihm als einem jungen Menschen muß ein Titanenkampf um seine Seele getobt haben, den schließlich Stefan George verlor und Rudolf Borchardt gewann; Borchardts Nationalismus, der ihn vielleicht, wäre er nicht – im Sinne der Rassengesetze der Nazis – Jude gewesen, ganz an die Seite der Nazis geführt hätte (jedenfalls für eine kurze Zeit), sah Kraft als vielleicht nie verzeihlich, aber als verschwistert mit und aufgewogen durch sein lyrisches und kritisches Werk, ein Werk von einer Weite des Wissens, erarbeitet in einer heroischen Einsamkeit, die Kraft als dem Posieren Stefan Georges und seiner psychologisch und moralisch höchst dubiosen Ausübung von Macht über die Menschen seiner Umgebung weit überlegen empfand; in diesem Sinn »rettete« ihn Rudolf Borchardt, dessen Briefe an Kraft in den Jahren zwischen 1914 und 1936 der Menschlichkeit Borchardts ein hohes Zeugnis ausstellen, vor der George-Idolatrie, der so viele junge Menschen aus Krafts Generation verfielen. Daß Literatur nur Literatur sei, wenn sie sich der ›niederen‹ Sprache, der Sprache des Alltags, des

Journalismus verweigere und einen dezidiert ›hohen‹, bewußt gesetzten pathetischen Ton anschlage, war Kraft eine so tiefe Überzeugung, daß sie seine Konzeption von Dichtung und das, was er bis zu seinem Tode überhaupt an Dichtung und *als* Dichtung wahrnehmen konnte, sehr weitgehend bestimmte. Das Bläßliche, wenig Vitale von Hofmannsthals Werk sah er zwar – oder besser: er ahnte es und gab es gesprächsweise fast widerwillig zu –, die vagen Mystifikationen und vor allem: Selbst-Mystifikationen, von denen das Werk Georges voll ist, sah Kraft noch viel deutlicher, aber er blieb doch in allem Zwiespalt in Bewunderung gebunden an das Ethos, die Entschiedenheit, mit denen Stefan George der deutschen Literatur einen sprachlichen Ernst wiedergab, den Kraft erst nach einigen Jahren als verdächtig hieratisch, moralisch zutiefst bedenklich und fast hohl erkannte; noch sein Buch *Stefan George* von 1980 gewinnt seine Einsichten wie seine Problematik aus dieser nie ganz bewältigten Ambivalenz. Franz Kafka war ihm das tief bewunderte und in zwei Büchern umkreiste Beispiel für eine Verpflichtetheit von Dichtung an Moral; das Ethos der schriftstellerischen Arbeit setzte er wohl bei Kafka und bei Karl Kraus gleich hoch an, während er das Ethos Borchardts immer wieder auf bestürzende Weise durchbrochen sah von einer aggressiven Zügellosigkeit, die er auch andeutet in dem Bericht von seinem Besuch bei Borchardt 1926 in Pistoia. Werner Krafts Fähigkeiten als Literaturkritiker (und er war dies nicht in dem verengten Sinn, der heute immer mehr der selbstverständliche dieses Wortes zu werden droht: nämlich dem des Rezensenten, der flinkestens die Neuerscheinungen bespricht, eine nach der andern) liegt wohl einerseits in dieser Fähigkeit, die Literatur an die Moral zu binden – nicht an die Propagierung einer Moral, sondern daran, Amoralität um des pur Ästhetischen willen für nicht statthaft zu halten –, und andererseits in seiner eigenen Sprachmächtigkeit, die nicht nur die des Kritikers oder Wissenschaftlers ist, sondern von einer eigenen Sprache zeugt. Die Einmaligkeit

Kafkas formulierte er im Gespräch staunend und schlagend in dem Satz: »Kafka war eigentlich in der deutschen Literatur nicht vorgesehen«, und die ungeheuerliche Klarheit und Uneitelkeit Kafkas benennt Kraft in der Formulierung, das Staunenswerte an Kafka sei, daß da plötzlich einer den Mund auftat »und Wahrheit sprach« – wobei Wahrheit nicht die metaphysische Wahrheit, sondern die Wahrheit des Sprechens und der Sprache meint, einer Sprache ohne Effekthascherei, Redundanz und Ornament, die in ihrer Wahrheitsverpflichtung alle Eitelkeit aufzehrte.

Die Prosa Kafkas und Karl Kraus' *Die letzten Tage der Menschheit* bezeichnen vielleicht den Punkt, an dem Werner Kraft einer Wertschätzung der im emphatischen Sinne modernen Literatur am nächsten kam. Denn verblüffend ist ja doch, wie Kraft immer wieder von Lesungen Hülsenbecks, Wolfensteins, Johannes R. Bechers, Emmy Ball-Hennings, Kurt Hillers und anderer berichtet und doch weder den Expressionismus noch Dada ernstnehmen kann, ja, sie gar nicht an sich herankommen läßt; in dieser Hinsicht ist er ein Kulturkonservativer, hat er implizit eine Sprach- und Dichtungstheorie, die von einem Ideal der Sprachreinheit beherrscht wird, das dem von Kraus benachbart ist. Anders gesagt: Diese Konzeption von Sprache und Literatur macht es ihm unmöglich, einem großen Teil der avantgardistischen Literatur des 20. Jahrhunderts überhaupt gerecht zu werden, ja sie nur in ihrem spezifischen Recht wahrzunehmen. Man stelle sich vor: Ein deutscher, liberaler, an Literatur leidenschaftlich Interessierter lebt in den zehner und zwanziger Jahren in Hannover – und weder Kurt Schwitters noch etwa der Verlag von Paul Steegemann kommen in seiner Autobiographie oder in seinen kritischen Schriften vor. An Karl Kraus' *Die letzten Tage der Menschheit* honoriert er offenbar die unerbittliche Moral, wo er doch auch hätte daran ablesen können, wie man auch aus ›niederer‹ Sprache, aus dem Sprach-Abfall des Wilhelminismus' und seines Journalismus' große Literatur machen kann, und noch an anderer Stelle ist er ganz nahe am Durchbruch zu der ganz anderen Literatur und Ästhetik des 20. Jahrhunderts, da nämlich, wo er bemerkt, daß bei Heine und nicht bei Eichendorff und bei Mörike das emphatisch Neue in der Literatur des 19. Jahrhunderts beginne, eine Einsicht, die er dann erst spät – nicht mehr systematisch, sondern in lauter Einzelvorstößen, anläßlich einzelner Gedichte – zu realisieren und zu formulieren beginnt in dem Buch *Heine der Dichter* von 1983.

Gerade in seiner Isoliertheit in Palästina und Israel war Werner Kraft aber auch befreit von akademischen oder journalistischen Publikations- und Terminzwängen und konnte so seinem Traum folgen, seinen Träumen von der Wichtigkeit bestimmter Gestalten der deutschen Literatur- und Geistesgeschichte unabhängig von deren ›Aktualität‹ in Hitler-Deutschland bzw. dann später in bundesrepublikanischen Tageszusammenhängen. Sein Buch *Rudolf Borchardt. Welt aus Poesie und Geschichte*, nach enormen Schwierigkeiten 1961 beim Verlag Eugen Claassen untergebracht, behandelte auf 500 engbedruckten Seiten einen Autor, der zu diesem Zeitpunkt fast völlig vergessen war und erst heute, in den neunziger Jahren, wieder stärker beachtet wird; Krafts Monographie mag in vielen einzelnen Punkten inzwischen durch die Forschung überholt sein, sie ist doch bis heute die einzige Darstellung, die der Erscheinung Rudolf Borchardts im Entwurf eines Gesamtbildes und im Detail gerecht zu werden versucht. Ähnlich erging es Kraft mit dem Autor, den er zu Anfang der dreißiger Jahre für sich (und auch für Walter Benjamin, der skrupellos und unter Mißachtung der Entdecker-Ehre Krafts davon Gebrauch machte) entdeckte, mit Carl Gustav Jochmann, dem spätaufklärerischen Sprachdeuter und verborgenen Oppositionellen der frühen Metternich-Zeit, der Kraft zum Inbegriff eines der politischen Wahrheit und dem demokratischen Fortschritt verpflichteten Autors wurde. Hätte es in Deutschland in den siebziger und achtziger Jahren eine ästhetisch-politische Linke von Rang in der

Literaturwissenschaft gegeben, sie hätte erkennen müssen, daß Werner Kraft hier eine Person und einen Umkreis (Jochmann, Gustav von Schlabrendorf, Konrad Engelbert Oelsner; im weiteren Sinne gehört hierher auch Johann Gottfried Seume) entdeckt oder wiederentdeckt hatte, die der Fluchtpunkt der Linien sind, die von Karl Kraus aus zurück in die Vergangenheit gelegt werden können: Anwälte einer zu schaffenden politischen Öffentlichkeit, die in Deutschland seit dem 18. Jahrhundert nur im Kümmerstadium existiert, weil sich kein selbstbewußtes deutsches Bürgertum entwickelt hat, welches für eine Entfaltung *diskutierender* Sprache – der Sprache journalistischer, parlamentarischer, generell: die Angelegenheiten der res publica frei erörternden Öffentlichkeit – gesorgt hätte. Die Diskussionen über die jakobinische, radikaldemokratische Literatur und Publizistik in Deutschland um 1800 nahmen ja einen sehr verengten Verlauf und stießen – obwohl doch Anfang der siebziger Jahre Werner Kraft sein Buch, das eigentlich einschlägige Buch publiziert hatte – zu einer Gestalt wie Carl Gustav Jochmann gar nicht vor, die das Verhältnis zwischen poetischer Avanciertheit und politischer Rückständigkeit in Deutschland seit 1800 so hellsichtig formuliert hatte, daß von da aus die deutsche Misere, die auch Karl Kraus in sprachmoralische Rage brachte, fast bis heute unübertrefflich illuminiert wird. Es blieb einem deutschen Emigranten in Israel vorbehalten, diese tragische Gestalt am Anfang eines großen deutschen Republikanismus und einer großen Theorie der Sprache der Öffentlichkeit zu zeichnen. *Carl Gustav Jochmann und sein Kreis. Zur deutschen Geistesgeschichte zwischen Aufklärung und Vormärz*, begonnen schon in den dreißiger Jahren, beendet 1955, erschienen 1972, ist ein Buch, das bis heute unabgegolten ist: nicht wirklich aufgenommen, nicht bedacht, nicht zur Kenntnis genommen von einer zum Teil sich dogmatisch dumm gebärdenden deutschen akademischen Linken.

Und dennoch gab es und gibt es bei einem bisher kleinen deutschen Publikum eine sehr intensive und wirkungsvolle Rezeption der Schriften Werner Krafts. Die Aufmerksamkeit auf radikaldemokratische Autoren wie Carl Gustav Jochmann und Johann Gottfried Seume (Seumes *Prosaschriften* edierte Kraft 1962) wurde in der Bundesrepublik von Werner Kraft aufrechterhalten bzw. überhaupt wieder gezündet; er war es, dessen Autorität Rudolf Borchardt und Stefan George diskutierenswert erscheinen ließ, er war es auch, der nach 1945 die erste umfangreiche Monographie zu Karl Kraus publizierte (*Karl Kraus. Beiträge zum Verständnis seines Werkes*, 1956), und daß ein Autor wie Werner Kraft, der trotz seines scheinbar apolitischen Naturells eher ein Linker zu sein schien, jenseits aller Idolatrie verehrungsvoll vom Genius Goethes sprach, hat sicher beigetragen zu dem Versuch vieler junger Leser der sechziger und siebziger Jahre, trotz der politisch und kulturpolitisch fatalen Rolle Goethes es mit dem Dichter und Schriftsteller Goethe, einer der – mag ihm auch bisweilen »die moralische Zuverlässigkeit fehlen« (Werner Kraft) – merkwürdigsten und aufregendsten Erscheinungen der deutschen Literatur, wieder aufzunehmen. Werner Kraft hat einmal getröstet und geschmeichelt bemerkt, daß er in seiner Einsamkeit in Israel dann doch nach und nach einen kleinen, aber hochkarätigen, »gediegenen« Kreis von Freunden und Lesern nicht nur in Israel, sondern auch in Westdeutschland gefunden habe, und so kann man sagen, daß Krafts Entscheidung, auch nach dem Ende des Zweiten Weltkriegs in Israel zu bleiben, ihn zwar sicher auch einer unmittelbaren Wirksamkeit beraubt hat, daß er aber damit sich nicht der Möglichkeit begeben hatte, auf einen kleinen Leserkreis in Deutschland Wirkung auszuüben. Im Moment sind zwölf Titel Werner Krafts auf dem deutschen Buchmarkt verfügbar, dazu vier Titel, bei denen Kraft als Herausgeber fungiert; hinzu kommen eine Übersetzung und eine Schallplatte, auf der er als Rezitator seiner Gedichte zu hören ist – er ist also nicht ganz abwesend, und die Gründe dafür, daß er nicht in dem Maße anwesend ist in der Diskussion, das er verdiente, liegen in einer allgemeinen Veränderung von intellektuellem Klima und Marktsituation, die vieler Literatur, die sich nicht bloß als Spiel des Signifikanten über dem Signifikat – also als verpflichtungslos beliebig – versteht, nicht günstig ist. Jener neuen Beliebigkeit bzw. auch gezielten Restaurativität, die neuerdings auch Ernst Jünger ohne präzise Diskussion wieder zulässig erscheinen läßt, antwortet Kraft, der doch in vielen Punkten eher weich als schneidend zu denken und zu formulieren scheint, mit den so bösen wie bedächtigen und zugleich entschiedenen Sätzen: »Zu Ernst Jünger sage ich Folgendes: Er mag ein sehr bedeutender Mann sein, aber ich bin gegen ihn. Er ist ein offener Faschist gewesen und ist ein latenter Faschist geblieben, das merke ich aus jedem Atemzug von diesem Mann, und ich will nichts mit ihm zu tun haben. Seine Bedeutung mag so groß sein, wie sie will. Ich sage nicht deswegen, daß er nichts taugt. Er ist jemand, aber nicht für mich.« Kraft *setzt* sich selbst als denkende und verantwortliche Person, und wenn der andere als für sich moralisch verantwortliche Person sich nicht setzt, sondern ausweicht oder gänzlich entzieht, dann um so schlimmer für diesen anderen – was bestimmte intellektuelle oder sogar poetische Leistungen nicht ausschließt, siehe Jünger oder auch Heidegger. Werner Kraft hätte die These vom »Tod des Autors« sehr wohl verstanden, aber mit Recht darauf verwiesen, wie windig und peinlich die wortreichen Anstrengungen gewisser Heideggerianer etwa sind, Heideggers manifeste Unfähigkeit, sich öffentlich und reflektiert über seine Nazi-Vergangenheit zu äußern, positiv-offensiv als eine besonders tiefsinnige Art aktiven, ›bedeutenden‹ Schweigens auszulegen. Dazu Werner Kraft: »Es ist das dämonische Bestreben der Literatur, die Moral zu vernichten«, und dies ist nach Kraft nicht nur das Bestreben der Literatur, sondern auch der Philosophie bzw. aller Intelligenz und Wortgewandtheit, insofern diese erlaubt, auch zu sagen, was man nicht denkt, zu formulieren, was man nicht glaubt, notfalls – aus

Eitelkeit, offensiv oder defensiv – sich jeden Stil und jede Argumentation anzueignen und sich um moralische Fragen herumzulügen. Heideggers Denken mag gewesen sein, wie es will: »... weil nicht öffentlich bereut, ist es in alle Ewigkeit unannehmbar«: Heidegger ist als Person ausgefallen, hat sich selbst durchgestrichen, hat gar nicht versucht, sich zu entschuldigen – und dies beim Wort nehmend sagt Kraft: daher ist es unentschuldbar. So ernst nimmt Kraft sein Gegenüber.

»Spiegelung der Jugend« – der Titel deutet an, daß Werner Kraft seine Jugend, die Jugend eines frühreifen Spätentwicklers, als spätestens 1933/1934 zu Ende gegangen ansah und daß es ihm in seiner Autobiographie nur in beschränktem Umfang darum ging, faktengetreu und vollständig – bis ins Psychisch-Faktische – diese Jugend zu rekonstruieren; er »spiegelt« sie vielmehr, und zwar am Bewußtsein, am Stand der Einsichten und Lebenserfahrungen des nunmehr über 70jährigen. Den speziellen Schliff geben diesem Spiegel die inzwischen passierte Weltgeschichte, und das war für ihn vor allem die Tragödie seiner Vertreibung und die Vertreibung aller deutschen Juden aus dem Deutschtum, aus dessen Sprache er sich dann doch nicht vertreiben ließ, in das er aber nie mehr bruchlos hätte zurückkehren können, selbst bei einer Rückkehr nach Deutschland, und in das er doch zurückkehrte mit seiner ganzen Existenz, die er ja auch nach 1934 nicht etwa durch ein neu erworbenes intellektuelles, politisches oder religiöses Judentum definierte. Kraft, der weder als empirische Person noch als Literaturkritiker je entlarvungspsychologisch dachte, geht es nicht um Enthüllung von Geheimem, Offenlegung von verborgenen Antrieben, Entblößung in seiner Autobiographie, sondern eher um die Darlegung der Dispositionen und Kräfte, die ihn schließlich bildeten, oder wie er anläßlich des Einflusses Walter Benjamins schreibt, an ihm »zerrten«, dies aber in dem Sinne, wie Strebungen und Personen auf ihn konstruktiv einwirkten, seine geistige Existenz formten. Er liefert nirgends so etwas wie psychologische Porträts, psychologische Analysen etwa von Theodor Lessing, Rudolf Borchardt oder Walter Benjamin, sondern gibt ihnen eine Art rückwirkenden Vertrauensvorschuß: als ernsthafte spirituelle Existenzen sind sie interessanter, als Schöpfer denkerischer und poetischer Leistungen essentieller denn als Menschen mit ihrem Widerspruch und ihren unübersehbaren moralischen Schwächen, und wenn er im Rückblick die Essenz dessen benennen soll, was ihm am Umgang mit ihnen wichtig war, so überwiegt das geistig und menschlich objektiv ihn Fördernde daran, und als ganz persönliches Gefühl bleibt vor allem Dankbarkeit. Das ist der Grund dafür, daß *sub specie aeternitatis* auch die eher katastrophal endende Beziehung zu Walter Benjamin und das offenbar häufig buchstäblich Unsägliche an Rudolf Borchardts Aufführung nur angedeutet, mit Schonung dargestellt werden; es überwiegt das Überwältigtsein von dem, was er in der Auseinandersetzung mit ihnen lernte. Der bisweilen wüst ausfällige Borchardt, der Kraft die Priorität bei der Wiederentdeckung Carl Gustav Jochmanns stehlende Walter Benjamin erfahren nach dreißig oder vierzig Jahren nicht Verzeihung, aber ihre Schwächen, mag Kraft noch so sehr darunter gelitten haben, werden nur leise angedeutet oder souverän beschwiegen, mit der Noblesse dessen, der sich kleinliche Abrechnungen nicht mehr leisten will, nicht zuletzt auch deshalb, weil der Überlebende leicht zu billig recht behält.

Von dem Land, in dem Kraft, der sich Spiegelnde, lebt, von den – von 1934 bis 1972 gerechnet – fast vierzig Jahren in Palästina und Israel erfahren wir, wie gesagt, fast nichts. Kraft war mit halbfertigen Büchern im Kopf bzw. zum Teil schon auf dem Papier in Palästina angekommen, nachdem Versuche, in europäischen Ländern Fuß zu fassen, offenbar fehlgeschlagen waren; seine formativen Jahre waren vorbei, es folgte die Entfaltung von Kenntnissen, Vorsätzen und Projekten, und diese allmähliche Entfaltung hatte weitestgehend mit der Welt seines alltäglichen

Broterwerbs als Bibliothekar und Verwaltungsbeamter in Jerusalem nichts zu tun. Wenn man sich eine Vorstellung machen will von seinem geistigen Leben in Israel, auch von der Art seines Umgangs mit anderen emigrierten Intellektuellen und Dichtern, so muß man zu den Nachworten greifen, die er nach dem Kriege zu Auswahlausgaben des Philologen und Dichters Ludwig Strauß (1892–1953) und der Dichterin Else Lasker-Schüler (1869–1945) schrieb, und vor allem muß man die Aufzeichnungen *Gespräche mit Martin Buber* lesen, jenes Buch, das Einblick gibt in den Umgang mit dem Religionsphilosophen in den Jahren 1941 bis 1965 und das zwei »Jeckes«, wie die (meist hochgebildeten) deutschsprachigen Juden in Israel genannt werden bzw. wurden, zeigt, die ihr Gespräch im deutschen Geist und über deutschen Geist mit tragischer Selbstverständlichkeit fortsetzen. Den Prosaisten Werner Kraft, den Verfasser kleiner reflektierender Prosa, der von seinem schweren Stand in dem ihm fremd bleibenden und doch Heimat bedeutenden Land Israel berichtet, dem er doch dankbar ist und das er liebt, zeigen vor allem die Bände *Eine Handvoll Wahrheit* (1977) und *Kleinigkeiten* (1988). Erinnerungen an die Lebensjahrzehnte in Palästina und Israel, an Jahre, die ihm in vieler Hinsicht mehr abverlangten als die Zeiten als Bibliothekar in Deutschland, indem er für eine Familie zu sorgen hatte mit kärglichstem Lohn aus einer völlig entfremdeten Arbeit und doch sich die Zeit abringen mußte fürs Schreiben seiner großen Bücher, seiner Aufsätze und vor allem auch seiner Gedichte – Erinnerungen solcher Art hat er nicht mehr verfaßt. Wahrscheinlich empfand er als beschämend, deprimierend und wenig mitteilenswert, wie er da gelebt hatte, hatte leben müssen; um etwas darüber zu erfahren, wie sein Leben und Denken in Israel Tag für Tag aussah, werden wir die Transkription seiner umfangreichen Tagebücher abwarten müssen. Was zählen sollte, waren allein seine Bücher, und bei Besuchen bei ihm dominierten Goethe und George, Kafka und Heine das Gespräch eher als die Weltpolitik oder die nahöstliche Politik. Die Zeitläufe und sein Naturell hatten Werner Kraft zu einer Existenz verdammt, die so großartig wie gespenstisch war und in der sich der Jammer der jüdischen Teile des deutschen Bildungsbürgertums konzentriert darbot: Sie saßen nicht mehr weinend an den Flüssen Babylons und sehnten sich nach Israel, sondern sie saßen in Palästina/Israel und durften sich aus moralischen Gründen nicht danach sehnen, wieder in Deutschland zu sein: diese Richtung hatte man ihnen verlegt.

Voller Bewunderung und als seufzenden Trost zitiert Werner Kraft am Ende – auch als Hommage an Karl Kraus, in dessen Verehrung er zeit seines Lebens nicht irre wurde – das Gedicht vom Flieder mit der im Ton eines mehrdeutigen Staunens lesbaren Zeile »Was hat die Welt aus uns gemacht!«. Daß Kraft dieses Gedicht hersetzt, bezeugt Entsetzen und Dankbarkeit, Entsetzen über das, was die Welt aus sich, aus allen gemacht hatte, nämlich Einwohner einer Welt, zu deren Geschichte nun der Holocaust und Hiroshima zählen, einer nahöstlichen Welt, die in permanentem Kriegszustand sich befand (und im Herbst des Erscheinungsjahrs der *Spiegelung der Jugend*, 1973, schon den nächsten, den Jom-Kippur-Krieg sah, der das Land Israel an den Rand einer militärischen Niederlage brachte), und doch auch Dankbarkeit, daß die Welt einen Autor aus ihm gemacht hatte, einen, der nicht so viel Resonanz hatte, wie er sich wünschte, vor allem leider nicht als Lyriker, der er doch auch war, aber doch einen, der ein umfangreiches Werk hatte schaffen und seiner zur Stiefmuttersprache gewordenen Muttersprache vieles hatte zurückgeben können, wofür ihm in Deutschland eine kleine, größerwerdende Leserschaft dankbar war: Aufsätze zur Literatur, Anthologien deutscher Literatur wie die eigenwillige Sammlung *Wiederfinden. Deutsche Poesie und Prosa* (1954, 2. Aufl. 1962), Gedichte, philosophische Prosa, Spruchweisheiten, ja und sogar einen Roman, *Der Wirrwarr* von 1960.

Kraft hat einer Generation von Lesern des Nachkriegsdeutschland etwas vorgeführt, was wahrzunehmen leidenschaftlichen Lesern von Literatur sicher auch heute brennend interessant ist: daß ein Lesen von Literatur, das diese Literatur von aller Substantialität und Moral, von aller Historie, allem Ernst und aller Verantwortlichkeit abkoppelt, nicht nur flach ist, sondern die Literatur wie den Lesenden verfehlt. Kraft war unter Denkern Philologe, d. h. als Philosophierender bezieht er sich immer auf dichterische Texte; unter Literaturkritikern aber war er nicht nur distanzierter Ausleger von Texten, sondern einer, der als den Text und sich selbst reflektierendes Subjekt dem Text gegenübertrat; er interpretiert nicht nur, sondern er denkt und denkt den Text weiter und über den Text weiter; so streng und liebevoll dienend er Texten und Autoren gegenüber sich verhält, läßt er sich von Texten doch nicht entmündigen. Am liebsten sah er sich mit einem außer Gebrauch gekommenen alten deutschen Wort bezeichnet: Selbstdenker. Dem Pathos des Anspruchs, den er an Dichtung stellt, entspricht dann auch das Pathos des Lobes, das er noch fest und groß und begeistert auszusprechen weiß, wenn er etwa ein Gedicht Georges »herzgewaltig schön« nennt. Und Lob verteilt er nicht leichtfertig, sondern eben nur dann, wenn das ästhetische Faszinosum ihm mit menschlicher Wahrheit und gedanklicher Substanz vermittelt zu sein scheint. Nicht zufällig findet sich in der Anthologie *Wiederfinden* Lessings Satz: »Der denkende Künstler ist noch eins so viel wert.« Das erklärt dann auch Krafts Vorliebe für fast unsinnliche, spröde, ›gebaute‹ Gedichte, die – auch wenn sie nicht als Gedankenlyrik abzuwerten sind – zum ›Gedachten‹, zum Spruch neigen. Vor Coleridges Alternative gestellt: »Poetry must either make sense or music« würde sich Kraft eher für »sense« entschieden haben, schon um irrlichternder Klang- und Stimmungslyrik wie etwa der Clemens Brentanos etwas entgegenzuhalten, und so nimmt er in *Wiederfinden* nicht nur die bewegenden Gedichte des auch von Hermann Hesse und

Peter Handke hochgeschätzten Christian Wagner (1835–1918), des schwäbischen Dichters im Bauernkittel auf, sondern auch Grillparzers gereimte Wut in dem Gedicht *Der Henker hole die Journale*, das doch höchstens als erstaunlich frühe Antizipation Karl Krausscher Presseschelten schätzenswert ist.

Skepsis gegenüber der ganzen Kultur als einem nutzlosen Plunder scheinen Werner Kraft zeitweise nicht fern gewesen zu sein; im Jochmann-Buch finden sich Formulierungen, die wie verständnisvolle Antworten auf den Hohn auf die (sogenannte bürgerliche) Kultur klingen, den um 1970 die studentische Protestbewegung auf ihrem amusischen Flügel anstimmte. Die Erwägung, daß man vielleicht eine Zeitlang Poesie und Kultur überhaupt suspendieren müßte, um politisch vorwärtszukommen, beantwortet Kraft mit dem Satz: »Es scheint ohne Poesie und ohne Kultur so wenig vorwärts zu gehen wie mit Poesie und Kultur.« Zuversicht bezog Kraft in solchen düsteren Überlegungen nicht mehr aus geglaubter positiver Religion, auch nicht aus der jüdischen Religion, sondern aus der säkularisierten Hoffnung auf eine Verwandlung der Welt, auf die nicht zuversichtlich zu hoffen, die als Möglichkeit aber eben auch nicht auszuschließen sei: »Es ist ja alles nicht so schlimm, daß es nicht noch viel schlimmer werden könnte und gut«, heißt es in den Aufzeichnungen *Eine Handvoll Wahrheit*. In diesem zarten und zugleich gewaltigen Paradoxon steckt dieselbe Hoffnung wie in den Schlußsätzen von *Spiegelung der Jugend*, in denen messianische Hoffnung ebenfalls heruntergestimmt ist zu dem Gebot, nicht zu verzweifeln. Für den Intellektuellen und den Dichter Werner Kraft hieß dies, daß auf ›Unsterblichkeit‹ mit Sicherheit keiner mehr hoffen, keiner mehr setzen darf; »Das Unsterbliche«, heißt es auf der letzten Seite des Buches über Jochmann, »ist keine Kategorie, mit der sich sinnvoll arbeiten läßt« – aber zugleich enthält diese letzte Seite das Credo, vorsichtiger gesagt: jene Annahme, ohne welche keine geistige Arbeit möglich ist: »Alles, was echt geschichtlich gelebt und gedacht wurde, geht in seiner Vergänglichkeit in die Geschichte ein, um irgendeiner Zukunft zur Verfügung zu stehen.« Sollte es noch eine geistige Zukunft Deutschlands geben, steht auch Werner Krafts Werk in ihr bereit.

November 1995 — Jörg Drews